Informationen, die Gold wert
sind.

Kapitel 8

 "...wenn ich
Kanzler wäre"
Schreiben an Angela Merkel

Kapitel 1   Gerechtigkeit

Was ist Gerechtigkeit?

Eine Bank, deren Namen ich nicht nennen will, hat mich
vor zwei Jahren dermaßen schikaniert, dass es für mich
sogar soweit ging, dass ich mich persönlich angetastet
fühlte. Wie heißt es gleich im Grundgesetz? – Der
Mensch ist unantastbar. Eine Bankangestellte, der Bank,
bei der ich zu der Zeit Kunde war, kam mir dermaßen mit
ihrer Unfreundlichkeit entgegen, dass ich mich beim
Chef beschweren musste. Die Bankmitarbeiterin, die die
Geschichte verursacht hatte, leitete mich aber nur zum
Abteilungsleiter der Bank weiter. Jede Bank hat
Vorstände, die bei größeren Banken, ja nicht in der
Filiale vor Ort sein können. Diese Vorstände sind in der
Hauptstelle der Bank beschäftigt. Dass aber, und ich
meine gerade diesen Abteilungsleiter, der Boss der
großen Filiale sein soll, und in der Bank, bei der ich
Kunde war, das Sagen hatte, bezweifle ich. Über der
Servicetheke steht immer noch ein Revisor oder ein
Angestellter der Kreditabteilung.

Ich musste mich also mit meiner Angelegenheit an den Chef der Servicetheke wenden.

Das ganze begann mit der Bankangestellten, die mich fragte, ob ich Klorollen will, als ich sie freundlich darum bat mir Rollen zu geben. In einer Bank versteht sich, dass mit Rollen Münzrollen gemeint sind. Diese schizophrene Bankmitarbeiterin hat aber mit Absicht oder aus Mangel an Kompetenz etwas anderes verstanden. Bei dem letzten Bankbesuch landete ich leider auch bei dieser unfreundlichen Bankangestellten. Sie ließ mich am Schalter zehn Minuten warten, so als wäre ich überhaupt nicht am Bankschalter. Gegrüßt hat mich die Bankangestellte der Bank, bei der ich fünf Jahre Kunde war, nicht. Ähnlich war der Besuch meinerseits auch dieses Mal. Die Angestellte der Bank ließ mich ewig warten, obwohl außer mir sonst niemand am Schalter stand. Sie verachtete mich regelrecht. Ich unterbrach sie dann mit ihrer Versunkenheit und sagte etwas lauter zu ihr: Ich möchte mich jetzt beim Chef beschweren. Als dann der Abteilungsleiter, den sie mir rief, aus seinem Besprechungszimmer kam, bat mich der Abteilungsleiter in sein Büro. Dort beschwerte ich mich dann bei ihm über die Unfreundlichkeit der Bankmitarbeiterin und über die heutige Beleidigung. Der Abteilungsleiter der Schalterangestellten sagte zu mir dann, dass es nicht okay sei, wenn eine Bankangestellte nach Klorollen fragt, wenn man deutlich in einer Bank sagt, das man Rollen haben möchte. Der Abteilungsleiter der großen Stadtfiliale gab dann meinen Auftrag für mein Konto am PC ein. Eine Entschuldigung der Bankangestellten gab es nicht. Ich verließ die Bank und ich kam mir zu Hause vor, als wäre ich in einer Bank in Kalkutta gewesen, da mir die Bank zusätzlich im Gespräch noch beibringen wollte, dass sie mein Konto auch kündigen könne. Beim hohen Gericht in Memmingen leitete ich folgerichtig ein Beschwerdeverfahren ein. Der Grund hierfür war die Beleidigung durch eine Bankmitarbeiterin an mir, dem Bankkunden. Die Polizei in Memmingen nahm am selben Tag noch die Anzeige auf. Einige Tage später erhielt ich vom Memminger Amtsgericht dann einen Beschluss, der beinhaltete: Es handelt sich um keine Beleidigung und das Beschwerdeverfahren wird durch die Staatsanwaltschaft bzw. den zuständigen Richter zurückgewiesen. So ging das Theater in der großen

Bankzweigstelle in der Stadt Memmingen dann weiter. Ich besaß zu der Zeit nicht so viel Geld, meine Eltern unterstützten mich nicht. Mit einer hohen Miete einer schandhaften, schlechten Stadtwohnung kam mein Konto am Monatsende gelegentlich über das Limit, das 3.000 Euro betrug. Sonst hatte ich keine Schulden. Mit einem Grund, der für mich bagatellmäßig war, wurde dann zum Beleidungsverfahren, das durch das Amtsgericht Memmingen abgelehnt wurde, dazu mein Konto durch die große, und damit eigentlich vorbildhafte Bankfiliale gekündigt. Was dann folgte kann man sich vorstellen. Zunächst denkt man sich, man bekommt wo anders kein Konto mehr. Mit Schulden in Höhe von 3.000 Euro, muss einen auch keine andere Bank als Bankkunde nehmen. Im Folgenden war ich der Glückliche. Eine ebenfalls große, deutsche Bankfiliale nahm mich mit einem Limit von 2.200 Euro auf. Ich arbeitete mich zum Zeitpunkt des Kontoeinzugs auf das neue Limit herunter und die Bank, bei der ich auch heute noch Kunde bin, ist sehr zufrieden mit mir. Die Vorgänger-Bank hat nicht nur einen Kunden verloren, sie hat auch bewiesen, dass mich eine gleichgroße Konkurrenzbank ohne weiteres aufnimmt und sie damit dasteht, wie ein Analphabet, der mit seinen Kunden nicht umgehen kann.

Gerecht wäre es gewesen, wenn die Bankangestellte durch das Memminger Gericht bestraft geworden wäre. Ich hätte eine positive Nachricht vom Gericht erhalten müssen. Eine Kontokündigung hätte ich nicht bekommen dürfen, man hätte mit mir reden können. Wenn schon eine Kündigung eines Kontos durchgeführt wird, dann ja durch den Bankkunden, da er durch die Bank gekränkt wurde. Hier verstehen wir weder Gericht noch Bank. Sauber geführte Banken muss es in Deutschland unbedingt geben. Gesetze müssen gnadenlos greifen, sonst sind wir in Kalkutta und es geht immer ungerecht weiter.

Wo <u>sind</u> die Gerichte?

Kapitel 2   Unverantwortliches Schnellfahren

Ich befinde mich in Memmingen vor einer Kneipe. Ein Raser fährt um die Ecke mit quietschenden Reifen und erfasst vor der Bar fast einen Kneipengast, der gerade über die Straße geht. Mit 80 km/h statt 50 km/h fährt der Schnellfahrer die Straße entlang und aus der Stadt hinaus. Das Kennzeichen habe ich natürlich abgelesen, trotz der schnellen Geschwindigkeit. Am nächsten Tag teilte ich telefonisch der Polizei das Kennzeichen mit, und dass der Raser um Haaresbreite einen Fussgänger erfasst hatte. Die Polizei Memmingen meldete sich dann drei Wochen nicht bei mir. Dann bekam ich einen Anruf von der Polizei. Sie wollte wissen, ob ich mir mit dem Kennzeichen sicher war. Ich sagte der Polizei, dass ich gleich im Lokal das Kennzeichen auf einen Notizblock notiert habe. Mir wurde von der Polizei später dann nicht mitgeteilt, was mit dem Schnellfahrer unternommen wurde. Für mich war das schließlich versuchter Mord an einem Fussgänger durch Rasen. Wenn ich heute eine Anzeige bei der Polizei aufgebe, z. B. wegen Nichtzahlens einer Taxifahrt, wird mir nach ein paar Wochen mitgeteilt, wie sich die Polizei den Zechpreller vorgenommen hat, also welche Strafe der Betrüger bekommen hat. In diesem Fall aber, erhielt ich keine weitere Mitteilung und ich glaube, die Unternehmungen durch die Polizei wurden nur „locker" gehalten.

Wo <u>sind</u> die Gerichte?

Das gleiche passierte mir selbst, als ich meinen gewohnten Weg von einer Kneipe nach Hause lief. Ich wurde zwar nicht fast überfahren, aber ich fühlte mich durch einen Autofahrer sehr belästigt. Ein Fahrer mit aufgemotztem, sehr teurem Kraftfahrzeug gab im Verkehrsberuhigen Bereich Vollgas. Er beschleunigte auf 60 km/h obwohl nur 10 km/h zugelassen sind. Zudem wurde ich in meiner Ruhe gestört. Das Kfz war dermaßen laut, gleich neben mir, dass ich erschrocken war und Angst bekam, er befand sich ja zur Zeit der Beschleunigung hinter mir. Auch dieses zeigte ich bei der Polizei an. Ein Kennzeichen hatte ich wieder abgelesen. Die Polizei teilte mir am Telefon mit, dass der Raser verwarnt wurde. Das war alles? Der Raser wurde verwarnt? Eine solche Belästigung muss ebenfalls mit einer Strafe belegt werden. So bekam ich auch hier keine weitere Information von Polizei oder Staatsanwaltschaft.

Wo sind die Gerichte?

Kapitel 3   Bundeskanzleramt

An das Bundeskanzleramt, Berlin

Sehr geehrte Damen und Herren,

ich wurde vom Polizeiwesen getäuscht.

Wie Sie aus beigefügten Unterlagen ersehen können, erhielt ich am 21.04.17 einen Bußgeldbescheid über 128,50 Euro. Am 29.06.2017 erhielt ich eine Kostenberechnung zusätzlich über 18,50 Euro. Vom

Amtsgericht Memmingen erhielt ich am 12.06.17 ein Bußgeldverfahren gegen mich, Nr. …

Tathergang:

Herr …, der Mieter über mir und seine Ehefrau läuteten mit der Polizei, Polizist …, und einer Polizistin an meiner Wohnungstür.

Herr … (Mieter über mir) sagte vor der Polizei zu mir: Jetzt tun Sie nicht so, wir haben Ihnen einen Brief eingeschmissen.

Meine Musik, die ich laut Polizei und des undurchsichtigen Mieters über mir, der Mieter hat noch nie ein Wort mit mir gesprochen, zu laut gehabt hätte, die Musik war nicht einmal durch die Tür im Treppenhaus zu hören, störte die Mieter, über mir wohnend, und den Polizeibeamten und die Polizeibeamtin. Man würde die Musik von unten durch die Decke zu den Mietern über mir hören, obwohl die Musik auf Zimmerlautstärke von mir eingestellt war. Zusätzlich sagte Herr …, der Mieter über mir, vor der Polizei, dass ich den ganzen Tag schon poltern würde. Ich habe meine Wohnung sauber gemacht.

Der Polizeibeamte sagte, ohne MICH über den Tathergang zu befragen, zu mir: Sie bekommen eine Anzeige, aggressiv. Seine Unfreundlichkeit war nicht zu überbieten. Die beiden Polizisten wollten, dass ich noch irgendwas zum Tathergang sagte. Ich sagte: Gut, ich mache gar keine Musik. Die Polizisten gingen nach Hause. Dann schloss ich die Wohnungstür.

Gibt es einen Gerichtsrevisor für dieses Debakel?

Des übrigen möchte ich wissen, wer da über mir wohnt.

Freundliche Grüße

Bernd Schubert

Bundeskanzleramt:

Sehr geehrter Herr Schubert,

Ihr jüngstes Schreiben vom 10. Juli 2017 hat das
Bundeskanzleramt erreicht. Sicherlich war Ihnen – wie
auch schon beim zurückliegenden Schriftverkehr – die
Aufgabenstellung des Bundeskanzleramtes und der
Bundeskanzlerin nicht hinreichend gegenwärtig.

Die Bundeskanzlerin bestimmt die Richtlinien der Politik
(Artikel 65 Grundgesetz), das Bundeskanzleramt
überstütz sie hierbei.

Ihre persönlichen Lebens- und Rechtsangelegenheiten,
wie Sie sie etwa in Ihrem aktuellen Brief schildern, sind
nicht Gegenstand einer Bewertung oder eines Eingriffs
durch die Bundeskanzlerin oder durch die
Bundesregierung.

Die Bundeskanzlerin führt auch keine Rechts- und Lebensberatung durch, sie klärt auch nicht, wer über Ihnen wohnt.

Ich darf Sie daher bitten, um Ihnen und dem Bundeskanzleramt künftig unnötigen Korrespondenzaufwand zu ersparen, sich nur mit solchen Angelegenheiten an das Haus zu wenden, die in erkennbarem Zusammenhang mit der Aufgabe und der Arbeit der Bundeskanzlerin stehen.

Mit freundlichen Grüßen

Bundeskanzleramt

Ich werde nachweislich betrogen und finde keine Hilfe bei Polizei, Staatsanwaltschaft oder Gesetzen. Wenn ich mich ans Bundeskanzleramt wende, werde ich zurückgewiesen, obwohl ganz klar ersichtlich ist, dass mir ein Schaden zugefügt wurde. Das Kanzleramt bekennt sich nicht dazu, eine Hilfe zu geben. Ein Brief wird mit der Begründung „Nicht zutreffend für das Bundeskanzleramt" böse beantwortet.

Wo <u>sind</u> die Gerichte?

Kapitel 4   Mafiamethoden

Mein Brief an Frau Dr. Angela Merkel wegen gerechter Auftragsverteilung bei den Taxiunternehmen und Mietwagenunternehmen in Memmingen wurde mit einem Tipp abgetan. Der Tipp war, dass ich eine Hotline für Beratungsförderung anrufen könnte.

Damals, also im Jahr 2007, stand bei mir alles auf dem Spiel. Ich war mit einer netten jungen Dame zusammen. Mein gesamtes Eigenkapital setzte ich zu der Zeit ins Taxi-/Mietwagenunternehmen ein. Durch die Ungerechtigkeit in der Auftragsverteilung, oder nennen wir es gleich „Mafiamethoden" auf der Gegenseite musste ich mein Unternehmen aufgeben. Aus dem Unternehmen heraus ging ich dann ohne Freundin und ohne jegliche eingesetzte Mittel. Eigentlich hätte ich heute eine Familie, ich war zu jener Zeit verlobt, und ausreichend Kapital. Ich befinde mich nun seit Jahren am Existenzminimum. Eine glückliche Ehefrau und junge Schuberts gibt es nicht.

Wo <u>sind</u> die Gerichte?

| Kapitel 5 | Betreuungsverfahren gegen einen Einser-Schüler und Klassensprecher, später Ausbildung zum Bankkaufmann und Industriekaufmann, zusätzlich Taxi-/Mietwagenunternehmer und Buch-Autor |

Bernd Schubert   Memmingen, 21.03.18

Gerberplatz 5

87700 Memmingen

Landgericht Memmingen

z. Hd. Herrn Präsident Ermer

Hallhof 1 + 4

87700 Memmingen

Schadensersatz, Bernd Schubert, geb. 16.04.1977

Sehr geehrter Herr Dr. Thomas Ermer,

ich möchte Ihnen heute meine beiden Fälle schriftlich aufzeigen, wofür ich mit eindeutigen Begründungen Schadensersatz fordere.

Ein Fall war im Jahre 2008 in Memmingen. Ein weiterer Fall war im Jahre 2012 in Günzburg.

Ihren Vor-vor-gänger, sehr geehrter Herr Dr. Ermer, und zwar Herrn Prof. Dr. Thiere kenne ich durch ein kurzes persönliches Gespräch mit ihm im Landgericht Memmingen.

Zu meiner Person, ich bin gelernter Bankkaufmann, 40 Jahre alt, zur Zeit bin ich in der Rente, aufgrund der Betreuung, die ich gehabt habe. Da ich ja gelernter Bankkaufmann bin, konnte ich ja theoretisch sozial gar nicht so weit absinken, dass ich eine Betreuung gebraucht hätte. Dazu kamen dann zwei Krankenhausaufenthalte mit dem vollen Programm.

Nun möchte ich im Folgendem mit der Schadensersatzforderung beginnen:

An dem Tag, an dem ich mit zwei Polizisten in Zivilkleidung ins Krankenhaus Günzburg musste, war ich beim Prof. Dr. Thiere und bei meinem früheren Psychiater Dr. Ott. Der Prof. Thiere fragte mich zwar, in Berlin warens ja auch schon, dies hatte ich ihm zuvor geschrieben, er sagte aber so gut wie nichts zu der Betreuung. Ich sagte ihm, ich brauche keine Betreuung. Der Prof. war <u>für</u> das Urtcil cines seiner untergeordneten Richter, da er nichts weiteres unternahm.

Man hätte im Krankenhaus Günzburg und im Krankenhaus Memmingen mit mir reden müssen, aber das tat niemand. Günzburg: Wir warten jetzt mal ab, was mit der Sache rauskommt, hieß es im Krankenhaus, wofür Sie beschuldigt wurden. Im Laufe des Krankenhausaufenthalts kam bei der Sache, womit ich beschuldigt worden bin, nichts heraus, aber ich saß die vollen 1 ½ Monate, die vom Richter zuvor bestimmt waren, ab. Ein Jahr später sprach mein Vater mit dem Polizeichef, da er ihn persönlich kannte, über die Beschuldigungen, die von der Polizeiniederlassung des Polizeichefs kamen. Der Polizeichef sagte meinem Vater, das war dein Sohn gar nicht. Eine weitere Begründung für den Krankenhausaufenthalt war die kalte Witterung draußen. Das kann man ja jedem Straßenpenner unterstellen, der im Winter draußen eine Flasche Wein trinkt.

Ich war gelernter Bankkaufmann und somit war die Betreuung und der Krankenhausaufenthalt fehl am Platz. Statt in der Stadt die richtigen Leute anzupacken, in Memmingen gibt es genug davon, wurde ich grenzenlos von Entscheidern im Gericht und von Arzt bzw. Ärztin betrogen.

Auch gibt es die Option Schadensersatz, sollte ein Urteil nicht stimmen. Die Folgen eines Urteils will schließlich ein Unschuldiger nicht haben und die darf ein

Unschuldiger auch nicht haben. Der Prof. und Chef des Landgerichts wies mich aber zurück, als ich ihn mündlich und schriftlich darauf ansprach.

Auch beim 2. Krankhausaufenthalt in Memmingen im Jahr 2008 gab es keine Begründung oder nur falsche Begründungen. Wenn es einem psychisch nicht ganz so gut geht, redet man mit ihm oder man macht ihm Vorschläge, was er in seiner Freizeit so tun könnte. Wenn derjenige dies aber nicht will, lässt man ihn in Ruhe. Da steckt man einen doch nicht gleich ins Krankenhaus. Ich habe nicht einmal jemanden beleidigt.

Wenn ich wenigstens eine Grippe gehabt hätte, aber da war ja nichts.
Die Anschuldigungen waren falsch, das stellte sich ja heraus. Folglich bin ich Schadensersatz-berechtigt.

Richterliche und polizeiliche Anschuldigung	Wahrheit
Fürs Krankenhaus Günzburg, 2012:	
Selbstgefährdung wegen der kalten Witterung draußen	Ich machte auch spät noch Spaziergänge um mich fit zu halten
Ich hätte auf der Straße ein junges Mädchen mit den Händen hochgehoben	Polizeichef Moser Illertissen, sagte meinem Vater in einem persönlichen Gespräch: Das war dein Sohn gar nicht.
Fürs Klinikum Memmingen, 2008	
Anschuldigungen im Gutachten von Frau Dr. Küthmann zusammengefasst: psychisch nicht fit	Ich war psychisch gut. Auch hatte ich nicht einmal eine Grippe. Ich hatte nicht einmal jemanden beleidigt, sodass etwas vorgelegen hätte.
Gutachten, Frau Dr. Küthmann: Die finanziellen Verhältnisse wären schlecht	Ich hatte Hartz4 schon bewilligt bekommen und ich bemühte mich nachweislich um eine günstige Wohnung. (Dies wurde sogar von meinem Rechtsanwalt, Herrn Vad Memmingen, schriftlich an das Gericht weitergegeben)
Gutachten, Frau Dr. Küthmann: Die Nachfrage bei der Polizei Memmingen hätte ergeben: Bernd Schubert hat eine Anzeige bei der Polizei gemacht, weil er dachte, es sei jemand ohne sein Wissen in seiner Wohnung gewesen.	Ich habe mich getäuscht. Man wird doch nicht gleich ins Krankenhaus eingewiesen, weil man einmal in seinem Leben eine überflüssige Anzeige bei der Polizei macht. Warum hat man stattdessen nicht vernünftig mit mir geredet?
Mein späterer Widerspruch beim Landgericht Memmingen wurde zurückgewiesen, da ich damals, als ich noch Selbstständig war, unserer Bundeskanzlerin, Frau Dr. Angela Merkel einen Brief geschrieben habe.	Mein Brief an unsere Bundeskanzlerin Frau Dr. Merkel war so gut geschrieben, dass ich sogar eine Antwort bekommen habe. Die Antwort war freundlich und es wurde eine Hilfe gegeben.

Schadensersatz für:

- Die Erteilung des falschen Urteils
- Den unberechtigten Krankenhausaufenthalt

in Memmingen, 2008

Schadensersatzhöhe: 30.000,00 Euro

in Günzburg, 2012

Schadensersatzhöhe: 30.000,00 Euro

Zusammen: <u>60.000,00 Euro</u>

Mein Leben ist auch heute noch nachhaltig schlechter durch diese falschen Anschuldigungen der Ärzte bzw. der Richter und ich fühle mich persönlich nach wie vor sehr gekränkt durch den nicht angebrachten Umgang mit mir.

Ich habe auch in meinem Umfeld noch nie von jemandem gehört, dass man so etwas mit einem gemacht hat.

Mit freundlichen Grüßen

Bernd Schubert

Ich habe das Schreiben nie an den Präsidenten des Landgerichts versendet, auch wenn ich eindeutig einen Schadensersatz hätte bekommen müssen.

Kapitel 6   Bundesrepublik Deutschland –
               Kindergarten

<u>Mein</u> Leben ist den Bach hinunter, dass kann man ja
nicht bestreiten, ich kann mich nur noch mit meinen
beiden Bücher retten, die ich geschrieben habe. Ich habe
die Chance, Millionär zu werden oder einfach nur weiter
einer der sich am Existenzminimum befindet, zu sein. Es
ist spannend und man hat etwas, auf das man sich freuen
kann. Das gibt einem wenigstens was. Aber wenn sich
unsere Bürger der Bundesrepublik die Gesetze
anschauen, dann muss man doch sagen: Alles ist viel zu
kompliziert und zu wenige haben einen Vorteil.

Wieso bestraft das Gesetz bzw. bestrafen die Richter
<u>mich</u> so hart und diejenigen, die etwas verbrochen haben
gar nicht?

Und was Ärzte allgemein angeht, nicht dass ich etwas
gegen Ärzte hätte, aber diese müssen eben auch schauen,
dass sie ihr Geld verdienen. Gesetze werden von

Politikern gemacht. Betrachtet man die Sache einmal politisch und nimmt Ärzte und Richter zusammen, so ist das doch sehr kindergartenmäßig.

Ich wurde schlecht dargestellt. Vor dem Landgericht wurden Dinge so hingestellt, dass sie für das Gericht passen. Zum Oberlandesgericht bin ich leider nicht mehr gekommen, da mir das Geld für jegliche Instanzen und Prozesskosten fehlte. Mit einem einzigen Rechtsanwalt aus einer Universitätsstadt konnte ich ein wenig entgegenkämpfen, nur einen Zuschuss für einen Rechtsanwalt oder einen Gerichtskostenzuschuss erhält man in so einem Fall nicht, man wird auf jeden Fall nicht darüber unterrichtet. Wie schon erwähnt, das Dagegenhalten in der heutigen Zeit nach Vorgaben hier und da und mit einem Schema, das die Richter sowie auch die Rechtsanwälte einhalten müssen ist für den Beschwerdeführenden zu kompliziert.

Rechtsanwalt Höhn, Memmingen

Schreiben vom 11.12.2016

Sehr geehrter Herr Höhn,

ich weiß nicht, in wie weit Sie mein Buch gelesen haben. Geld habe ich nicht so viel, als dass es für eine Anklage ausreicht, für Leute wie mich gibt es aber einen Gerichtskostenzuschuss. Ich habe leider nur 500,00 € Guthaben, aber mir bleiben jeden Monat 800,00 € zum Leben.

Zur Zwangskrankenhauseinweisung nach Günzburg im Jahr 2012:

Meine Eltern haben mich an diesem Tag provuziert und dann haben sie mich einweisen lassen. (Telefonat mit der Polizei Illertissen, Herr Moser, Polizeichef)

Meine Eltern sind für meine ganze Laufbahn verantwortlich. Mein komplettes Scheitern, das zur 7-

jährigen Betreuung geführt hat, ist auf meine Eltern zurückzuführen.

Ein ordentliches Essen hätte gereicht und falsch war eine Medikation in DER Form.

Auch der Krankenhausaufenthalt, direkt nach meiner Schließung meines Fahrservice Schubert, Taxi-/Mietwagenunternehmen, im Jahr 2008, wurde durch meine Eltern verantwortet. (siehe Buch: „Die Betreuung eines Bankkaufmanns")

Mein Vater hat mir während meiner Unternehmertätigkeit immer wieder reingepfuscht. Zum Schluss meinte er, ich solle nicht aufhören, er hätte mir Aufträge. Das war eine Lüge. Von den Schulden, die von meiner Niederlage durch den Fahrservice kamen, habe ich mich erst 2011 wieder erholt.

Fahrservice Schubert: Von Januar 2006 – Dezember 2007

Aus diesen nun genannten Gründen verklage ich meine Eltern auf Schadensersatz. Bei dieser Schadensersatzklage sind Sie mir bitte behilflich.

Meine Telefonnummer lautet: …..........

Sie können mich anrufen. Wenn Sie möchten, melde ich mich im laufe der kommenden Woche.

Mit freundlichen Grüßen

Bernd Schubert

Anlage
Kopie Kreditvertrag und Grundschuld über 50.000,- €

Den Kreditvertrag habe ich auf dem Arbeitstisch meines Vater gesehen, dann habe ich ihn kopiert.

Eigentlich gehören meine Eltern betreut, sehen Sie sich die beigefügte Kopie des Kredits für den Laden für meine Schwester, die auf Ibiza lebt, an. 50.000,00 €

Grundschuld aufs Haus für einen Laden, der gar nicht läuft. Der Freund muss zusätzlich arbeiten. Die Schwester muss das Auto verkaufen. Im Winter lassen sich meine Schwester und ihr Freund von den Eltern durchfüttern.

Präsident d. Landgerichts, Prof. Dr. Thiere, Memmingen Schreiben vom 25.01.2011

Ihre Dienstaufsichtsbeschwerde vom 6. Januar 2011 gegen Richter am Amtsgericht Memmingen Stangler

Sehr geehrter Herr Schubert,

Sie haben sich mit Schreiben vom 06.01.2011 an den Direktor des Amtsgerichts Memmingen gewandt. Sie rügen darin unter anderem das dienstliche Verhalten des in Ihrem Betreuungsverfahren tätigen Richters am Amtsgericht Stangler und erheben Dienstaufsichtsbeschwerde.

Die Aufsicht über die Richterinnen und Richter des Amtsgerichts Memmingen - soweit eine solche überhaupt besteht - obliegt nicht dem Direktor des Amtsgerichts Memmingen, sondern dem Präsidenten des Landgerichts Memmingen.

In der Sache selbst muss ich Ihnen mitteilen, dass ich nicht befugt bin, in eine dienstaufsichtliche Prüfung einzutreten. Mit Ihrer Beschwerde beanstanden Sie zunächst die Errichtung und Aufrechterhaltung der Betreuung. Die Entscheidung hierüber gehört zum Kernbereich der Tätigkeit einer Richterin bzw. eines Richters. In diesem Kernbereich sind Richter unabhängig und nur dem Gesetz, damit aber gerade keiner Dienstaufsicht unterworfen (Artikel 97 Absatz 1 unseres Grundgesetzes). Von Verfassungs wegen ist es mir deshalb verwehrt, die Entscheidungen des Richters am Amtsgericht Stangler in Ihrem Betreuungsverfahren zu überprüfen. Die Kontrolle richterlicher Entscheidungen erfolgt demnach nicht durch den Präsidenten des Landgerichts, sondern durch die übergeordneten Gerichte im Rechtsmittelverfahren. Soweit Sie die Entscheidungen des Richters am Amtsgericht Stangler beanstanden, müssen Sie die entsprechenden Rechtsmittel einlegen, wie Sie es in der Vergangenheit bereits getan haben. Gleiches gilt für die von Ihnen begehrte Aufhebung der Betreuung. Auch diese müssen Sie im hierfür vorgesehenen gerichtlichen Verfahren betreiben. Ich darf Ihnen raten, dies mit Ihrem Anwalt und Ihrem Betreuer zu besprechen.

In Ihrem Schreiben wenden Sie sich weiter gegen die Ergebnisse der psychiatrischen Begutachtungen. Insoweit besteht für mich als Präsident des Landgerichts von vornherein keine Möglichkeit, Ihnen weiterzuhelfen. Gleiches gilt für die von Ihnen beanspruchten Schadensersatzzahlungen. Zur Geltendmachung behaupteter Schadensersatzansprüche steht Ihnen wie jedem Rechtssuchenden der Zivilrechtsweg offen. Dies sollten Sie gegebenenfalls mit Ihrem Anwalt besprechen.

Mit freundlichen Grüßen
Der Präsident des Landgerichts

Vorsitzende Richterin am Oberlandesgericht Budesheim, München

Sehr geehrter Herr Schubert

wie telefonisch besprochen, erhalten Sie Ihre Unterlagen zurück.

Die Vorsitzende Richterin
am Oberlandesgericht

Das übergeordnete Gericht gab keine Hilfe.

Rechtsanwalt Hain, Ulm

Schreiben vom 03.05.2011

Betreuungssache Bernd Schubert

Sehr geehrter Betreuer,

hiermit zeige ich an, dass ich nunmehr Herrn Bernd Schubert anwaltlich vertrete - Vollmacht anbei.

Mein Mandant legt mir die "Erklärung" vom 29.03.2011 vor. Aufgrund Ihrer Angaben über den Zweck und Hintergrund der Erklärung wurde mein Mandant getäuscht, da Sie ihm einen anderen Sachverhalt geschildert haben.

Namens und in Vollmacht meines Mandanten wird hiermit diese Erklärung vom 29.03.2011 unter sämtlichen rechtlichen Gesichtspunkten - insbesondere wegen arglistiger Täuschung - angefochten.

Mit freundlichen Grüßen

Rechtsanwalt

Kapitel 7   Die Wahrheit in der Bundesrepublik und

mein Ziel als Schriftsteller

Was nützen wissenschaftliche Überlegungen, wenn man
nicht das Einfache hinkriegt, wie mehr Kinder in
Deutschland, wirklich Gerechtigkeit in Deutschland,
Kleinbetriebe müssen auch etwas verdienen können,
Gründlichkeit in den Gerichten und zufriedene
Bürgerinnen und Bürger durch Schaffung von mehr
Parkanlagen und ausgiebigen Freizeitmöglichkeiten.

Gewinne müssen nach oben getrieben werden. Die
Standortfaktoren eines deutschen Betriebes müssen
passen. Stetige Kontrollen müssen in Betrieben

stattfinden, in allen Bereichen. Kontrollen sind sinnvoll, was Zukunftsaussichten, Marktsituation von Produkten und Betrieb, Lieferanten, Kunden, EDV, Entwicklungsabteilung usw. betrifft.

Wenn man nun die vorigen Kapitel betrachtet, fragt man sich, was am unangenehmsten ist. Der Staat, der einen vollkommen links liegen lässt?

Ein Nachbar, der einen lieber tot sehen möchte?

Ein Betreuungsverfahren, das einem jegliche Entscheidungsfähigkeit nimmt?

Obwohl man Bankkaufmann ist, wird man als Kunde bei einer anderen Bank, also bei der man das Beschäftigungsverhältnis nicht hat, wegen Kleinigkeiten herausgeworfen?

Ein Kumpel, den man von einer Kneipe her kennt, wird vor den eigenen Augen vom einem Raser fast überfahren?

Natürlich ist es am schlimmsten, wenn man nicht mehr am Leben ist, also ist die Sache mit dem Nachbarn am dramatischsten und steht an erster Stelle.

Das zweite „schwerwiegende" Problem ist, wenn man kein Geld mehr hat, Arbeit auch nicht, dann verlässt einen die Freundin. Ist man Selbstständiger gewesen und man hat die eisige Kälte des Staates spüren müssen, was fehlende Steuererleichterungen und jegliche fehlenden Unterstützungen betrifft, ist der eigene Stamm (so sagt man bei den Indianern) ausgerottet oder das Gründen eines „Stamms" kann nicht mehr erfolgen.

Man wird als Erwachsener in einer öffentlichen Einrichtung, das auch ein staatlich gefördertes Institut ist, in einer Bank als Kunde in seiner Ehre verletzt, obwohl nichts vorlag, kommt gleich nach dem eisigen Staat, dem

„gefährliche Menschen" gleichgültig sind. Dies ist das dritte Problem, das angesprochen werden muss.

An vierter Stelle nenne ich die wahre Geschichte, die ich erlebt habe, und bei der ein Kumpel von mir fast von einem Schnellfahrer überfahren wird. Von einem Raser mit 80 km/h fahrend, da wäre der Kneipenbesucher, der nur die Straße überqueren wollte noch auf der Straße gestorben.

Ein Betreuungsverfahren, mit dem einem eine falsche Hilfe von Staatsmitarbeitern zugesagt wird, bekanntlich sind ja Betreuer, Richter sowie Ärzte, die ein Gutachten schreiben, aus staatlichem Interesse angestellt, ist um sonst. Darum wird eine Betreuung hier als fünfter Punkt angeführt. Ich vergleiche ein Betreuungsverfahren mit einem Gefängnis, da einem so gut wie jedes natürliche Verhalten genommen wird, nur ist die Angelegenheit anders gewichtet.

Ich persönlich würde es für den Staat peinlich finden, wenn sich solche Vorfälle ereignen. Seinen es Politiker, Verfassungsrichter und sämtliche vom Staat Angestellte mit einfacheren Tätigkeiten, diese Leute müssen ein Gewissen haben.

Auch finde ich es nicht gut, dass im TV Schwachsinns-Sendungen, wie „Die Auswanderer aus Deutschland" gezeigt werden, statt dass Deutschland die eigenen Leute aufbaut und Deutschland lebenswert macht.

Dass so gut wie nie etwas in der BRD stattgefunden hat, wie Kampagnen für Erleichterungen sämtlicher Firmenangestellten und ständige Besprechungen in Betrieben mit allen Angestellten, in denen es um Wohlbefinden und das Lösen von Streitigkeiten geht, ist nicht zu glauben. Ich kann es an mir selbst feststellen, ehrlich gemeinte Erleichterungen für Angestellte gibt es eigentlich nicht.

Einer muss sagen, so und so wird's gemacht, aber keiner hat in Deutschland den Mumm dazu. Wer wird Angela Merkel ablösen, wer wird das übernehmen? Man kann es auf jeden Fall besser machen als sie. Vielleicht gibt es bald einen Wechsel.

"...wenn ich
Kanzler wäre"
Schreiben an Angela Merkel

Vorstand

**Volksbank-Raiffeisenbank
Memmingen-Unterallgäu eG**

87700 Memmingen · Maximilianstraße 24

Niederlassungen und Zweigstellen
im Landkreis Unterallgäu und in Memmingen

Telefon (0 83 31) 82 00-0
Telefax (0 83 31) 8 10-11

Internet: http://www.vbrb-mm.de
e-Mail: info@vbrb-mm.de

28. Februar 2002

ZEUGNIS

Herr Bernd Schubert, geboren am 16. April 1977, trat am 01. September 2000 als Mitarbeiter im Kundenservice der Geschäftsstelle Illerbeuren in die damalige Raiffeisenbank Illerbeuren eG ein, deren Rechtsnachfolge wir angetreten haben. Herr Schubert wurde auch als Vertretung in den anderen Geschäftsstellen der Raiffeisenbank Illerbeuren eG eingesetzt.

Tätigkeitsschwerpunkt war die Kundenbedienung mit den Hauptaufgaben:

- Ein- und Auszahlungen; Kassenführung
- Abwicklung des Sparverkehrs (Sparbuchnachträge, Ausstellen v. Sparbüchern)
- Abwicklung des Zahlungsverkehrs (Scheckeinreichungen, Überweisungen, Lastschriften)
- Bearbeitung von Daueraufträgen (Neuanlage, Änderungen, Löschungen)
- Erkennen von Beratungsbedarf, Durchführen einfacherer Kundenberatungen bzw.
  Weiterleitung an die Kundenberater

Auf Wunsch von Herrn Schubert und aufgrund der Bedarfslage der Bank wurde er ab August 2001 in der Zahlungsverkehrabteilung unserer Bank eingesetzt.

Zu den Hauptaufgaben gehören hier die Bearbeitung von Zahlungsbelegen, Überweisungen und Lastschriften, Scheckbearbeitung und Retouren.

Herr Schubert hat sich in beiden Tätigkeitsfeldern stets mit Interesse auf die jeweiligen Aufgaben eingestellt. Er arbeitete engagiert und zeigte sich immer bereit, Neues anzunehmen. In der Kassenführung war er stets ehrlich und gewissenhaft. Die ihm übertragenen Aufgaben hat er stets zu unserer vollen Zufriedenheit erledigt.

Wir haben Herrn Schubert als freundlichen Mitarbeiter kennengelernt, der in seinem Verhalten gegenüber Kunden, Vorgesetzten und Kollegen immer höflich und korrekt war.

Herr Schubert scheidet zum 28. Februar 2002 aus unserer Bank aus. Wir wünschen Ihm für die Zukunft viel Erfolg und persönlich alles Gute.

Volksbank-Raiffeisenbank
Memmingen-Unterallgäu eG

Vorstand: Alfred Brugger, Andreas ... bert Schluck, Günther Wanke
Vorsitzender des Aufsichtsrates: ...ard Zettler · Reg ...ericht Memmingen Nr. 501

Ich weiß, dass ich, wenn ich der Bundeskanzlerin schreibe, also die höchste Stelle in Deutschland anschreibe, eingebuchtet werden kann, fange ich es falsch an. Das Schreiben an sie soll die allerletzte Möglichkeit sein, mich aus einer fatalen Situation zu befreien. So schrieb ich der Kanzlerin und ich verbesserte immer wieder, startete noch mal neu mit dem Schreiben. Es ist wie Heroin, wenn ich ein so hohes Amt anschreibe, ich habe selbst noch keines genommen, aber ich war wie „high" als ich das Schreiben begann. Man fühlt sich wie in einer anderen Welt. Auf einmal möchte man Großes verändern. Man lebt nur einmal und da ich gar keinen anderen Ausweg mehr hatte, blieb mir nur noch eine Wahl und das war, ganz oben anzufangen. Die Gerechtigkeit soll von oben nach unten durchschlagen, so wollte ich das damals. Dass mich, ich war ja nur ein kleiner Unternehmer, die Kanzlerin plötzlich kannte, oder zumindest etwas von mir wusste, ließ mich auf einer höheren Wolke fliegen, aber für mich war das damals ganz normal. Ob die Bundeskanzlerin nun wirklich Kenntnis von dem Schreiben an sie genommen hat, weiß niemand, aber der Zusatz: „Die Kanzlerin hat mich gebeten, Ihnen zu antworten." – ist im Antwortschreiben beinhaltet.

POSTANSCHRIFT Bundeskanzleramt, 11012 Berlin

Herrn
Bernd Schubert
Dr.-Miedel-Straße 16 A
87700 Memmingen

HAUSANSCHRIFT Willy-Brandt-Straße 1, 10557 Berlin
POSTANSCHRIFT 11012 Berlin
TEL +49 (0)1888 400-0
FAX +49 (0)1888 400-2357

AZ 412 - K - 603 644/07/0001   Berlin, 4 . April 2007

Sehr geehrter Herr Schubert,

vielen Dank für Ihr Schreiben an Frau Bundeskanzlerin Dr. Merkel vom
18. März 2007. Bitte haben Sie Verständnis dafür, dass es der Bundeskanzlerin
angesichts der Vielzahl eingehender Schreiben leider nicht möglich ist, Ihnen
persönlich zu schreiben. Ich bin gebeten worden, Ihnen zu antworten.

Wenn ich auch Ihre Sorgen nachvollziehen kann, so muss ich Sie dennoch um
Verständnis dafür bitten, dass der Bund in dieser Angelegenheit nicht eingreifen
kann: Die Vergabe von Aufträgen zwischen privaten Unternehmen bestimmt sich
nach den Regeln des Zivilrechts. Sofern es sich bei dem angesprochenen Allgäu-
Airport bzw. dem Klinikum Memmingen um öffentliche Auftraggeber handelt,
bestimmt sich die Vergabe von Aufträgen nach dem Vergaberecht des Landes
bzw. der Kommune, da beide Einrichtungen keine Bundesbehörden sind. Die
Bundesebene kann hierauf keinen Einfluss nehmen.

Deshalb kann ich Ihnen nur anheim stellen, sich mit den zuständigen Landes- und
Kommunalbehörden in Verbindung zu setzen und vor Ort alle Möglichkeiten
auszuschöpfen, um Ihre Belange zu vertreten.

Manchmal ist es sehr schwierig, bei einem sich ändernden Markt Alleinstellungsmerkmale zu entwickeln und Kundenbeziehungen aktiv zu gestalten, um sich von
den Wettbewerbern zu differenzieren. Erlauben Sie mir deshalb, sie auf die

Beratungsförderung des Bundesamtes für Wirtschaft und Ausfuhrkontrolle (BAFA) aufmerksam zu machen. Existenzgründer und junge Unternehmer können z. B. zur Anpassung ihres Marketingkonzeptes durch einen professionellen Unternehmensberater Zuschüsse zu den vom Unternehmensberater in Rechnung gestellten Beratungskosten erhalten.

Nähere Informationen zur Beratungsförderung sowie zu anderen ggf. für Sie in Frage kommenden Förderprogrammen erhalten Sie bei der Finanzierungshotline des Bundesministeriums für Wirtschaft und Technologie, die Sie montags bis freitags von 9.00 Uhr bis 16.00 Uhr unter der Rufnummer 030/18615-8000 erreichen können.

Ich würde mich freuen, wenn es gelingt, eine befriedigende Lösung für Ihren Fall zu finden.

Mit freundlichen Grüßen
Im Auftrag

Sabine Fabian

Bernd Schubert   Memmingen, 18.03.2007
Dr.-Miedel-Straße 16 A
87700 Memmingen
geb. 16.04.1977

Bundeskanzleramt
z. Hd. Frau Bundeskanzlerin
Angela Merkel

11012 Berlin

Sehr geehrte Frau Merkel,

ich weiß, Sie sind eine vielbeschäftigte Frau, trotzdem möchte ich Sie bitten, sich meines hier
kurz geschilderten Problems anzunehmen.

Nachdem ich als gelernter Industrie- und Bankkaufmann wegen Personalabbaus im Jahre
2002 keinen Arbeitsplatz mehr bekam, bin ich bis zum Jahre 2006 überwiegend arbeislos
gewesen. Ich entschloß mich dann Anfang 2006, als Taxi-/Mietwagenunternehmer
selbstständig zu machen, da es vollkommen aussichtslos war, als Kaufmann noch einen
Arbeitsplatz zu bekommen.

Seit über einem Jahr betreibe ich nun einen Fahrservice in Memmingen. Ich darf hier
Personen von A nach B fahren, genauso wie ein Taxiunternehmen.
Von meinem Unternehmen, das vom Gewerbeamt auch als „Mietwagenunternehmen"
bezeichnet wird, obwohl es mit Mietwagen nichts zu tun hat, können Sie sich unter
www.fahrservice-schubert.de im Internet ein Bild machen.

Als geprüfter Taxi-/Mietwagenunternehmer eröffnete ich also ein Mietwagenunternehmen, da
Taxikonzessionen von der Stadt nicht vergeben wurden. Mit günstigen Preisen bei den
Krankenkassen erledigen meine Fahrer und ich zuverlässig Patientenfahrten, die den größten
Anteil an meinem Unternehmen ausmachen.

Für mein Unternehmen habe ich im Laufe des Jahres 2006 drei Fahrzeuge angeschafft, die in
Raten bei der Bank abbezahlt werden. Diese Fahrzeuge sind nötig, da die Behandlung der zu
fahrenden Dialysepatienten, zur gleichen Zeit beginnt und endet.

Fahrten für Krebspatienten zur Bestrahlung, die für mich weitere Fahrstrecken bedeuteten,
fielen ab Anfang diesen Jahres weg, da das Krankenhaus unserer Stadt jetzt eine eigene
Bestrahlungseinrichtung bekommen hat.

In ein paar Monaten wird der Regionalflughafen in Memmingen fertig gestellt sein. Hier sind
Fahraufträge zu erwarten. Schon seit mehreren Monaten korrespondiere ich mit der
Geschäftsleitung des Allgäu-Airports.

Ich habe meinen zuverlässigen Fahrservice angeboten mit ausführlicher Beschreibung meiner drei geräumigen Fahrzeuge. Ich wurde vollkommen übergangen, das größte Taxiunternehmen in Memmingen, hat seit einiger Zeit eine Autowerbung vom Allgäu-Airport bekommen und einen Werbehinweis auf der Allgäu-Airport-Internetseite. Mich hat der Allgäu-Airport auf meine schriftlichen und telefonischen Anfragen immer nur hingehalten und auf meine letzte Anfrage habe ich überhaupt keine Antwort mehr bekommen. Der Allgäu-Airport hat schon seit Ende letzten Jahres Fahraufträge zu vergeben, aber diese Aufträge werden grundsätzlich nur diesem einen Taxiunternehmen zugeteilt.

Das gleiche gilt für das Klinikum in Memmingen. Meinen letzten Fahrauftrag bekam ich im Dezember letzten Jahres. Obwohl dort laufend Verlegungsfahrten anfallen, werden immer nur die gleichen Taxiunternehmen angerufen.

Die AOK hat im letzten Jahr dadurch, dass sie Fahraufträge, bei denen sie vorher die sonst üblichen Preise gedrückt hatte, an mich vergeben, und somit rund 10.000,00 Euro eingespart. Mir fehlt dieses Geld. Es wurden beispielsweise bei Bestrahlungsfahrten von Krebspatienten, bei der der Patient nach Behandlung gleich wieder nach Hause gebracht wurde, nur die Hinfahrt bezahlt – alle anderen Krankenkassen vergüteten Hin- und Rückfahrt.

Schon des öfteren musste ich von Angestellten bei Krankenkassen hören, dass unsere Taxiunternehmer bei den Krankenkassen „gewisse Geschenke" machen, um Aufträge zu bekommen.
Wie soll ein Jungunternehmer wie ich bestehen können, wenn unsere Taxiunternehmer mit solchen „Bestechungsmethoden" arbeiten dürfen?

Autowerkstätten, Tankstellen, Banken usw. verdienen ebenfalls sehr gut an meinem Unternehmen, was ich jetzt nicht weiter ausführen möchte.

Taxiunternehmen zahlen ans Finanzamt 7 % ihrer Taxieinnahmen. Das Finanzamt bekommt ganze 19 % der Fahreinnahmen meines Mietwagenunternehmens, obwohl hier die gleiche Arbeit verrichtet wird, wie von Taxiunternehmen. Wo ist da die Gerechtigkeit?

Wie soll ich unter solchen Umständen und mit derartigen Hindernissen ein Taxi-/ Mietwagenunternehmen über Wasser halten?

Können Sie mir dazu eine unterstützende Anwort geben, Frau Merkel?

Meinen herzlichsten Dank, dass Sie sich für meinen Brief Zeit genommen haben.

Mit freundlichen Grüßen

Bernd Schubert

Das eigene Ansehen im sozialen Umfeld kann man vergessen, beendet man, wie ich, sein Taxi-/Mietwagenunternehmen aufgrund eines Auftragseinbruchs. Die Folge ist dann, dass man mit mehreren Zehntausend Euro Schulden in die Schuldenfalle getappt ist und es ist schwer, sich da wieder herauszuarbeiten. Dass ein Unternehmen, wie bei mir, schon nach zwei Jahren wieder geschlossen werden muss, kann ja normalerweise nicht sein. Die Marktsituation hat sich so extrem verändert, sodass das Beenden meines Unternehmens nach kurzer Zeit leider sein musste. Hier wäre es von Interesse, hätte Deutschland ein Aufbauprogramm für Angehende Selbstständige, eine Schulung in der einem vermittelt wird, auf was man alles zu achten hat. In meiner Angelegenheit schloss ich das Geschäft wegen schlechter Fahrzeuge, überhaupt keine Aufträge vom Allgäu Airport, obwohl ich mich mehrmals darum bemüht habe, der Krankenkasse AOK, die ihre Fahrten plötzlich zu Schandpreisen im Internet versteigerte und eines Klinikums, das ihre Fahren nur bestimmten Taxiunternehmen gab. Das war zu viel für das Unternehmen.

Landes- und Kommunalbehörden würden sowieso nichts ändern und mir einen Vorteil verschaffen. So schrieb ich einem weiteren Politiker, Herrn Erwin Huber, der Bayerische Wirtschaftsminister. Leider fertigte mich auch dieser sehr schnell ab. Als Antwort bekam ich, dass ich mich in Zeitschriften schlau machen solle und dass das Klinikum Memmingen wegen der Ungerechtigkeit bei der Verteilung der Fahraufträge überprüft wurde. Ich wartete lange Zeit ab, aber es blieb, was die Fahraufträge betraf, alles beim alten.

Fahrservice Schubert

Krankenfahrten · Flughafentransfer · Kurierdienst
Bernd Schubert · Fahrservice · Dr.-Miedel-Straße 16 A · 87700 Memmingen

Inh.: Bernd Schubert
Zentrale:
Dr.-Miedel-Straße 16 A

87700 Memmingen
Telefon: 08331/9274424
Handy: 0176/20160334

eMail:
fahrservice-schubert@web.de

- IK-Nr. 600967793 -

Bayerisches Staatsministerium
für Wirtschaft
z. Hd. Erwin Huber
Prinzregentenstraße 28

80538 München

Datum: 09.06.07

Sehr geehrter Herr Huber,

am 13.12.05 absolvierte ich erfolgreich bei der IHK-Schwaben meine Prüfung zum Taxiunternehmer. Ich ließ mich damals auch sofort auf die Warteliste der zu erteilenden Taxikonzessionen in meiner Stadt eintragen, an 1. Stelle, da sonst außer mir niemand eine Konzession beantragte.

Mit meinem Mietwagenunternehmen Fahrservice Schubert (eine Übergangslösung bis zur Erteilung der Taxikonzession), bin ich nun finanziell am Ende, wegen Auftragsrückgang und erzwungener Niedrigfahrpreise die gerade von der AOK Bayern aufgebracht wurden.

Mein Schreiben ans Bundeskanzleramt, mit der Bitte um Unterstützung o. ä. schlugen fehl, mir wurde lediglich eine „Hotline" angeboten.
Meine Heimatstadt möchte mir keine Taxikonzession erteilen, so dass mir nichts anderes übrig bleibt, als bei der Agentur für Arbeit Sozialhilfe zu beantragen.

Mit Interesse sehe ich einer Antwort Ihrerseits entgegen.

Mit freundlichen Grüßen

Bernd Schubert

Anlage
Schreiben v. 18.03.07 incl. Antwort

Der Fahrservice, bei dem mich viele verachteten, seinen es Auftraggeber oder Kunden, die nur auf die billigen Preise aus waren, war mein Leben. Es handelte sich um einen Fahrservice, der einem Taxiunternehmen glich. Man durfte sich eben nicht „Taxi" nennen und man konnte nur überleben, wenn man die Kunden mit billigen Preisen fuhr. Nichts blieb nach zwei Jahren Tätigkeit. Keines der drei Autos, kein einziger Euro auf dem

Sparkonto. Zum Schluss verabschiedete sich auch die Freundin.

Nach vier Wohnungen, da mir keine richtig gefiel, habe ich nun nach meinem Fahrservice Wohnung Nummer fünf. Hier kann man es einigermaßen aushalten. Im Vergleich zu den vorigen Wohnungen ist es an und in dieser Wohnung ruhig und sie ist lebenswert.

Ich fühlte mich schon für etwas besonderes, als ich Angela Merkel wegen einer Wohnung schrieb. Vielleicht konnte ich auch einen Arbeitsplatz im politischen Bereich über die Bundeskanzlerin bekommen. Eventuell dachte sie an so was, ich habe ihr ja über einige Anlagen, die ich ihr beigefügt habe, mitgeteilt, dass ich arbeitslos war. An dem Tag, an dem ich mir Berlin anschaute, fand ich keinerlei Immobilienbüros an den Straßen, an denen ich lief. Ich fragte eine Passantin, ob es hier irgendwo ein Immobilienbüro gibt, aber diese meinte nur: „Da müssen Sie weiter schauen." Begonnen habe ich den Berlin-Tag, nachdem ich durchs Brandenburger Tor gelaufen bin, im Cafe Einstein. Dort nahm ich ein Frühstück zu mir. Ich habe Berlin mit dem Ziel, so viel Sehenswürdigkeiten sehen zu können, wie möglich, abgelaufen und nach dem Motto besucht: Laufen was geht. Meine Turnschuhe waren dann ebenfalls abgelaufen. Den Berliner Dom und das Rathaus streifte ich. In einem kleinen Bistro im Zentrum Berlins trank ich noch einen Cappuccino. Ein nett aussehendes, junges Mädel verließ dann später das Restaurant mit mir. Sie kuckte mich noch lieb an, als sie auf ihr Fahrrad stieg und ich wollte sie eigentlich noch fragen, wo sich das nächste Immobilienbüro in Berlin befand, aber, wenn ich ehrlich zu mir selbst war, wollte ich diese junge Dame nicht mit so etwas belasten. Ich wollte Berlin dann wieder verlassen und betrachtete beim Rückweg noch ein beeindruckendes, russisches Gebäude. Ich glaube, es handelte sich um ein Konsulat oder eine Botschaft Russlands. Wieder am Brandenburger Tor angekommen, betrat ich in der Nähe davon noch ein ansprechendes Cafe. Dort nahm ich noch einen Kuchen als Stärkung zu mir und steuerte draußen dann den Berliner Bahnhof an. Das war mein Tag in Berlin. Im Zug dachte ich mir, Berlin ist die Stadt der unbegrenzten Möglichkeiten. – Wie Amerika.

50 Interessenten kommen auf eine Wohnung. Das habe ich selbst bei meiner Wohnungssuche in Memmingen feststellen müssen. Jetzt haben wir aber auch immer mehr Ausländer, die unsere Regierung ins Land lässt. Ein Nicht-Deutscher will natürlich dann in Deutschland bleiben, egal um welchen Preis. Dadurch werden die Chancen, als Deutscher im eigenen Land eine Wohnung zu bekommen, logischerweise immer geringer. In München habe ich mitbekommen, dass Mieter nicht aus ihrer teuren Wohnung herauskommen und nur noch 20 Euro im Monat übrig haben, davon sollen sie dann Päckchensuppe kaufen. In eine Tafel trauen sich viele von ihnen nicht, da man sie dort kennen könnte. Auch ist es sehr herabwürdigend, in eine Tafel zu gehen. Wenn wir in Deutschland Wohnblöcke hinstellen, solche wie die, in denen ich eine bezahlbare Wohnung habe, dann ist die Wohnungsnot schnell überwunden. Block auf Block auf Block. In den 70er-Jahren hat man nicht so teuer gebaut. Für Wohnblöcke dieser Bauart, wäre bestimmt

noch Geld vorhanden. Einwanderer können sich von ihrem Taschengeld sogar Goldkettchen kaufen. Im Bekleidungsgeschäft dürfen sie sich den teuren Pulli raussuchen. Nur für die eigenen Leute hat man in Deutschland nicht das Geld, dass diese durch brauchbare Wohnungen gut leben können.

Bundeskanzleramt

Bundeskanzleramt, 11012 Berlin

Herrn
Bernd Schubert
Werkstraße 5 B
89257 Illertissen

HAUSANSCHRIFT Willy-Brandt-Straße 1, 10557 Berlin
POSTANSCHRIFT 11012 Berlin

TEL +49 30 18 400-0
FAX +49 30 18 400-2357
E-MAIL poststelle@bk.bund.de

012 – K 601 654/11/0001   Berlin, 19. September 2011

Sehr geehrter Herr Schubert,

Bundeskanzlerin Dr. Angela Merkel hat mich gebeten, Ihnen für Ihr Schreiben vom 14. September 2011 zu danken.

Wenn ich Ihr Schreiben richtig verstehe, möchten Sie nach Berlin ziehen und bitten die Bundeskanzlerin um Unterstützung bei der Wohnungssuche.

Leider ist es schon aus zeitlichen Gründen nicht möglich, dass die Bundeskanzlerin in Ihrem Sinne tätig wird.

Das Internet hilft Ihnen da vielleicht mehr. Schauen Sie doch unter

www.null-provision.de/mietwohnung,Berlin/berlin.html

oder einer anderen Internet-Adresse nach. Dort werden auch Wohnungen, die Ihrer finanziellen Vorstellung entsprechen, angeboten.

Die Bundeskanzlerin wünscht Ihnen viel Erfolg bei der Wohnungssuche.

Die eingereichten Unterlagen lasse ich Ihnen wieder zugehen.

Mit freundlichen Grüßen

Sabine Simons

Nach meiner Selbstständigkeit besuchte ich Wien. Was von meinem Fahrservice noch übrig war, war ein Kia

Carnival und mein bisschen Hausrat, den ich einlud. In Wien angekommen, machte ich mich daran, eine billige Unterkunft zu finden. Nachts konnte ich mich weder in Zeitungen, noch in Büros über Wohnungen in Wien schlau machen, sodass ich, ohne in Wien irgendwo einzukehren, oder halt zu machen, außer an einer Tankstelle, wieder die Rückfahrt antrat. Wien hätte mir zum Leben schon gefallen, von den Leuten her und mit meinem österreichischen Namen „Schubert"…

Auf meine missglückte Selbstständigkeit folgte dann eine von einem Richter angeordnete Betreuung, auf die ich nicht näher eingehen möchte. Mag sein, dass es gut so war, mag sein, dass es einfach nichts war.
Nach dieser Betreuungsanordnung zog ich erst mal nach Illertissen um. In Illertissen und Umgebung hatte ich meine Freunde. Das gefiel mir sehr gut und auch, dass ich dort wohnen konnte. Ich besuchte Festzelte und Konzerte, die hier stattfanden. Somit war ich in Illertissen wirklich zufrieden. Leider gab es mit den Mietern, die in dieser Wohnanlage über mir wohnten, Streitigkeiten wegen Ruhestörung. In diesem Hause war ich der Leidtragende und später, also nach ein paar Jahren, sollen angeblich der Mieter mit seiner Frau, die in dem Anwesen wohnten, in das ich in Memmingen gezogen bin, die Leidtragenden gewesen sein. Ich hätte hin und wieder die Musik zu laut gehabt. An dem Tag, an dem die Mieter, die sich gestört fühlten, dann die Polizei holten, stellte ich die Musik so ein, dass sie nicht mal im Hausflur zu hören war. Ich machte meine Wohnung etwas sauber, so ist vielleicht einmal etwas umgefallen oder ich bin an etwas hin gestoßen. Dass die Polizei dann aber mit den komischen Mietern über mir an der

Wohnungstür vor mir stand, ist mir heute noch ein Rätsel. Was folgte, war eine saftige Geldstrafe. Wofür?

Ich benachrichtigte Angela Merkel. Bei einem brutalen Vorgehen ist für mich und ich glaube auch für andere Bundesbürger interessant, ob es einen Gerichtsrevisor gibt. Vom Gericht wurde ich ja überrumpelt, d. h., mein Widerspruch wurde abgelehnt.
Ein Bürohengst aus dem Bundeskanzleramt beantwortete dann mein Schreiben mit den beigefügten Unterlagen, wie das gerichtliche Strafgeld sowie die Absage meines Widerspruchs von der Staatsanwaltschaft.

 Bundeskanzleramt

G20 GERMANY 2017
HAMBURG

Bundeskanzleramt, 11012 Berlin

Herrn
Bernd Schubert
Gerberplatz 5
87700 Memmingen

HAUSANSCHRIFT Willy-Brandt-Straße 1, 10557 Berlin
POSTANSCHRIFT 11012 Berlin

TEL +49 30 18 400-0
FAX +49 30 18 400-2357
E-MAIL poststelle@bk.bund.de

012-K-100 133/17/0009

Berlin, 14. Juli 2017

Sehr geehrter Herr Schubert,

Ihr jüngstes Schreiben vom 10. Juli 2017 hat das Bundeskanzleramt erreicht. Sicherlich war Ihnen – wie auch schon beim zurückliegenden Schriftverkehr - die Aufgabenstellung des Bundeskanzleramtes und der Bundeskanzlerin nicht hinreichend gegenwärtig.

Die Bundeskanzlerin bestimmt die Richtlinien der Politik (Artikel 65 Grundgesetz), das Bundeskanzleramt unterstützt sie hierbei.

Ihre persönlichen Lebens- und Rechtsangelegenheiten, wie Sie sie etwa in Ihrem aktuellen Brief schildern, sind nicht Gegenstand einer Bewertung oder eines Eingriffs durch die Bundeskanzlerin oder durch die Bundesregierung.

Die Bundeskanzlerin führt auch keine Rechts- und Lebensberatung durch, sie klärt auch nicht, wer über Ihnen wohnt.

Ich darf Sie daher bitten, um Ihnen und dem Bundeskanzleramt künftig unnötigen Korrespondenzaufwand zu ersparen, sich nur mit solchen Angelegenheiten an das Haus zu wenden, die in erkennbarem Zusammenhang mit der Aufgabe und der Arbeit der Bundeskanzlerin stehen.

Mit freundlichen Grüßen

Thomas Rücker

An das Bundeskanzleramt, Berlin:

Sehr geehrte Damen und Herren,

ich wurde vom Polizeiwesen getäuscht.

Wie Sie aus beigefügten Unterlagen ersehen können, erhielt ich am 21.04.17 einen Bußgeldbescheid über 128,50 Euro. Am 29.06.2017 erhielt ich eine Kostenberechnung zusätzlich über 18,50 Euro. Vom Amtsgericht Memmingen erhielt ich am 12.06.17 ein Bußgeldverfahren gegen mich, Nr. …

Tathergang:

Herr …, der Mieter über mir und seine Ehefrau läuteten mit der Polizei, Polizist …, und einer Polizistin an meiner Wohnungstür.

Herr … (Mieter über mir) sagte vor der Polizei zu mir: Jetzt tun Sie nicht so, wir haben Ihnen einen Brief eingeschmissen.

Meine Musik, die ich laut Polizei und des undurchsichtigen Mieters über mir, der Mieter hat noch nie ein Wort mit mir gesprochen, zu laut gehabt hätte, die Musik war nicht einmal durch die Tür im Treppenhaus zu hören, störte die Mieter, über mir wohnend, und den Polizeibeamten und die Polizeibeamtin. Man würde die Musik von unten durch die Decke zu den Mietern über mir hören, obwohl die Musik auf Zimmerlautstärke von mir eingestellt war. Zusätzlich sagte Herr …, der Mieter über mir, vor der Polizei, dass ich den ganzen Tag schon poltern würde. Ich habe meine Wohnung sauber gemacht.

Der Polizeibeamte sagte, ohne MICH über den Tathergang zu befragen, zu mir: Sie bekommen eine Anzeige, aggressiv. Seine Unfreundlichkeit war nicht zu überbieten. Die beiden Polizisten wollten, dass ich noch irgendwas zum Tathergang sagte. Ich sagte: Gut, ich mache gar keine Musik. Die Polizisten gingen nach Hause. Dann schloss ich die Wohnungstür.

Gibt es einen Gerichtsrevisor für dieses Debakel?

Des übrigen möchte ich wissen, wer da über mir wohnt.

Freundliche Grüße

Bernd Schubert

Ich freute mich so außerordentlich, nachdem ich in einer kleinen 35 qm – Wohnung ein Buch verfasste. Es beschrieb meinen Lebensweg als junger Mensch und die Betreuung, die ich durchstehen musste. Da ich im punkto Erforderlichkeit der Betreuung direkt nach einer 2-jährigen Taxiunternehmer-Tätigkeit sehr ins Detail ging und sich mein Leben als junger Mensch sehr interessant anhört, wollte ich Frau Dr. Angela Merkel damit beglücken. Als junger Bub in so vielen Aktivitäten in Memmingen dabei zu sein, wie ich, das fand durchaus Anerkennung. Die Goldmedaille beim Schwimmen, den 3. Gürtel im Karate, als Kämpfer beim Tennis in der 2. Junioren-Mannschaft und 3. Herren-Mannschaft, den Landessieg beim Zeichnen und Malen in der 5. und 6. Klasse und der Empfang im Memminger Rathaus aufgrund sagenhafter sportlicher Leistungen sowie Erfolge als Zeichner stärkten mein damals junges Leben. Stolz bin ich auch heute noch darüber. Ein Vorbild will man sein. Natürlich ist ganz klar die Betreuung, die ich mit 30 bekam, kein vorbildhafter Teil meines Lebens. Ich glaube aber, dass meine gesamte Verwandtschaft, und diese ist sehr groß, nicht mehr daran geglaubt hat, dass ich aus diesem Missstand in meinem Leben jemals wieder herauskomme. Die 13 Onkel und Tanten, die zahlreichen Cousins und Cousinen hatten mich schon vergessen, als ich die Bestätigung meines Arztes dem Amtsgericht übergab und damit die gerichtliche Betreuung beendet wurde. Taxi fuhr ich über Jahre hinweg, so gut es ging, und, um mir etwas Geld zu verdienen. Ich lernte die nettesten Leute kennen, sie lobten mich und sagten: „Endlich mal ein cooler Taxifahrer." Oder: „Gib uns eine Karte mit, wir fahren jetzt immer mit Dir." Oder: „Ich bin beeindruckt." Und:

„Was machsch heut noch so?" – Sie wollte mit mir ins Bett gehen.

Frau Bundeskanzlerin Angela Merkel hat mein Buch gesehen, das wurde mir durch eine Bundeskanzleramts-Angestellte bestätigt.

 Bundeskanzleramt

G7 GERMANY
2015 | Schloss Elmau

Bundeskanzleramt, 11012 Berlin

Herrn
Bernd Schubert
Feystraße 3
87700 Memmingen

HAUSANSCHRIFT Willy-Brandt-Straße 1, 10557 Berlin
POSTANSCHRIFT 11012 Berlin

TEL +49 30 18 400-0
FAX +49 30 18 400-2357
E-MAIL poststelle@bk.bund.de

012-K-100 576/15/0001   Berlin, 30. Oktober 2015

Sehr geehrter Herr Schubert,

Bundeskanzlerin Dr. Angela Merkel hat mich gebeten, Ihnen für Ihr Schreiben vom 16. Oktober 2015 und das beigefügte Buch „Die Betreuung eines Bankkaufmanns", zu danken.

Ihre Ausführungen wurden aufmerksam aufgenommen. Allerdings wird um Verständnis gebeten, dass aus grundsätzlichen Erwägungen für Ihr Buch nicht geworben werden kann.

Die Bundeskanzlerin wünscht Ihnen alles Gute.

Mit freundlichen Grüßen

Alexandra Teetz

Der Bericht von einer Zeitung, eines Magazins oder ein guter Kommentar zu dem Buch von einer bekannten Person können den Umsatz eines Buches vorantreiben. Frau Dr. Angela Merkel wollte sich zu dem Buch „Die Betreuung eines Bankkaufmanns" nicht äußern.

Das Gute war, dass ich zügig mit zwei neuen Werken angefangen habe. Ich habe gleich noch einen größeren Verlag für meine zwei neuen Bücher erwischt, so stehen die Chancen gut, dass diese auch verkauft werden.

Außerordentlich war für mich auch, dass ich den obersten der Memminger Gerichte, Herrn Prof. Dr. Thiere, wegen einer Besprechung über meine Betreuung und den Sinn darüber im Landgericht kennen lernen durfte. Auf schriftlichem Weg kannte ich später dann auch seinen Nachfolger, Herrn Landgerichts-Chef Melzer. Dessen Nachfolger, Herrn Dr. Ermer, wiederum wollte ich auch auf schriftlichem Weg kennen lernen. Ich gab den Brief an ihn aber nie bei der Post ab, da zu der Zeit keine Chance auf einen Schadensersatz aufgrund der erteilten Betreuung bestand. Vielleicht besteht nächstes Jahr Aussicht auf Schadensersatz, vielleicht in den nächsten Jahren, wenn sich die Gesetze geändert haben, vielleicht aber auch nie wieder. In die Zukunft kann man nicht schauen.

Zurück zu meiner Selbstständigkeit und meinem ersten Brief an Angela Merkel. Kann schon sein, dass das aufregende Dasein als Taxi-/Mietwagenunternehmer ist, wie ein Leben als Bankkaufmann, in dem man Aktien kauft und verkauft. – Heute kaufe ich wieder eine Aktie, heute geht's noch mal. – Im Taxiunternehmen heißt es: „Ich fahre heute noch mal raus, mit der Hoffnung, viele Fahrten zu haben." Etwas müde geht's in der Früh los. Hinein in den Kia Carnival oder den 530er BMW und Fahrtermine aus dem Tagesplan abfahren. Erst wenn man so ein Unternehmen hat, wird einem klar, wie hoch die Kosten für eine solche Firma sind. Vorher kann man das nicht abschätzen. Während die Preise der Fahrten bei einem Mietwagenunternehmen eher niedrig sind, man will ja möglichst viele Kunden fahren, sind laufende Kosten für tanken, der Krankenkassen-Versicherungsbeitrag für Selbstständige, Steuerberatungskosten, die Einkommenssteuer und Umsatzsteuer in einem Mietwagenunternehmen im Vergleich zu einem Taxiunternehmen, das ja nur 7 % Steuer zahlen muss, das Mietwagenunternehmen gleich 19 %, relativ hoch. Ungeahnt kam jetzt eine Reparatur nach der anderen auf mich zu. Ich fuhr ja mit gebrauchten Fahrzeugen, neue konnte ich mir nicht leisten.

Angela Merkel ist nicht bewusst, dass in Memmingen eine Ungerechtigkeit bei der Verteilung der Fahraufträge besteht. Also schrieb ich sie an. Was gerade Bayern nachgesagt wird, und so ist es auch schon in der Vergangenheit gewesen, ist, dass im Bundesland Bayern eine Vetternwirtschaft herrscht. Egal wohin ich mich wandte, das Klinikum, der Airport, die Krankenkassen und einzelne große Firmen, jedes mal war mein Auftragsvolumen von jenen Stellen sehr gering. Dieser oder jener kennt einen, der in der Auftragsabteilung beschäftigt ist, oder die Konkurrenz macht Geschenke beim Auftraggeber und schon blüht das Unternehmen auf der Gegenseite auf, dass es nur so eine Freude ist. Und ich kann als Konsequenz meine drei Fahrzeuge mit Verlust verkaufen. Die eingebauten Taxameter und der eingebaute Taxialarm sind danach fast wertlos.

Die Bundeskanzlerin interessierte sich für mein Schreiben und mein Anliegen diesmal nicht so sehr oder sagen wir, nur ein Funke Interesse bestand, denn sie beauftragte eine Büroangestellte im Bundeskanzleramt insoweit, dass sie mir antworten soll. Deren Anstoß, ich möge alle Möglichkeiten bei den Kommunen ausschöpfen, um Recht zu bekommen, ist in einem Bundesland, in dem die Obrigkeit zu Mafiamethoden neigt, hoffnungslos.
Ich bin aber doch dankbar, dass ich Angela Merkel und ihre Büroangestellten auf diesem Wege einmal kennen lernen durfte.

Wohnung und Umgebung Nummer eins, die die ich zur Zeit meines Fahrservices hatte, brachten mich dazu, Frau Dr. Angela Merkel einen Brief zu schreiben.

Dieser Brief rettete mir meine Existenz. Ich musste direkt nach meinem Fahrservice-Unternehmen in eine von Staat und Richter angeordnete Betreuung. Kurz vor Ende meines Unternehmens löste ich meine Lebensversicherung auf, um 4.000 Euro zu erhalten. Als die Betreuung angeordnet war, widersprach ich der Betreuung beim Landgericht. Dem Richter beim Amtsgericht, der das Urteil für die Betreuung gefällt hatte, habe ich mein Schreiben an die Bundeskanzlerin vorgelegt. Das Schreiben ans Bundeskanzleramt wurde daraufhin ans Landgericht weitergeleitet und die Richter dort werteten das Schreiben ans Bundeskanzleramt als „krank". Es wurde auch schriftlich bestätigt. Mit der Bestätigung vom Landgericht, dem Schreiben an das Bundeskanzleramt und einer Stellungnahme meines Arztes wurde dann zum guten Glück meine aufgelöste Lebensversicherung wieder in Kraft gesetzt, aus der ich nun 450 Euro monatliche Frührente bekomme.

Die Antwort auf den gescheiterten Fahrservice ist also, dass ich wenigstens eine ausreichende Rente habe.

- So gesehen hätte mich die Stadt Memmingen, als ich die Konzession für mein Unternehmen beantragte, eigentlich gleich fragen können, ob ich in die Rente gehen will. -

Das Schreiben ans Bundeskanzleramt, das ich 2017 verfasste, ist wesentlich interessanter.

Einen Gerichtsrevisor gibt es nach meinem Kenntnisstand nicht. Darum ist es doch wichtig, dass man an höchster Stelle nachfragt, ob es einen Revisor oder Prüfer im Gericht gibt bzw. ob das nicht sinnvoll wäre. Bei mir liegt ja auch noch eine Auseinandersetzung vor, in der genau so etwas fehlt und mit der ich von Nachbar, Polizei und Gericht überrumpelt worden bin.

Wie im Antwortschreiben vom Bundeskanzleramt ersichtlich ist, führt Frau Dr. Merkel keine Lebensberatung durch. Es gibt kein Amt in Deutschland, an das man sich in so einer Sache wenden kann. Es liegt Ungerechtigkeit vor und diese Ungerechtigkeit wird durch Staatliche Organe, wie Polizei und Gericht unterstützt.

Ich frage mich, in was für eine Welt ich gesetzt worden bin, in der es, wie in den Schreiben vom Bundeskanzleramt erkennbar, erstens, kein kleines Taxi-/Mietwagenunternehmen geben darf, zweitens, es eine so große Wohnungsnot in Deutschland gibt, dass man einfach keine günstige Wohnung bekommen kann, auch wenn es noch so dringend ist. Drittens, für ein Buch, in dem sogar die Kanzlerin vorkommt, sowie allgemeine Themen, wird nicht geworben, damit ist das Buch für den Autor, also mich, wertlos. Und viertens erfährt man bei einem Streit in einem Mietshaus keine Gerechtigkeit.

Einen Umzug wegen Streit mit den Nachbarn kann sich nicht jeder gleich leisten. Ist nicht sofort eine andere Wohnung mietbar, erfolgt weiterhin ein Kampf mit den Nachbarn, wie z. B. dass man sich nicht mehr anschaut, oder der Nachbar sucht immer noch Fehler bei einem

Mieter und Gegner, der im gleichen Mietshaus wohnt. Ein Rechtsanwalt bringt einen in so einem Fall auch nicht besonders weiter, man muss ja weiterhin neben- oder übereinander wohnen. So eine Angelegenheit wird eigentlich als ausweglos bezeichnet, erhält man nicht bald eine passende Wohnung.

In einem Kreditinstitut ist ein Streit mit einem Kunden total fehl am Platz. Dass der Streit dann auch noch von einer Bankangestellten ausgeht, ist nicht zu begreifen. Wenn ich mein Geld von einer von mir ausgesuchten Bank verwalten lasse, dann erwarte ich, sollte ich einmal im Monat die Bankfiliale betreten, Freundlichkeit von den Bankangestellten. In diesem echt vorgefallenen Beispiel kann von Glück gesprochen werden, da ich nun eine Bank habe, die viel besser zu mir passt und die sich gleich um alles gekümmert hat, was angefallen war.

Fw: Bankangestellte Frau Henn - HVB

PI Memmingen

Sehr geehrte Damen und Herren,

Wegen der Bankangestellten, Frau Henn, habe ich bei Ihnen wegen Beleidigung eine Anzeige gemacht.

Ich füge Ihnen heute das Antwortschreiben von der Beschwerdestelle der HVB bei. Auch mein Antwortschreiben an die HVB, Beschwerdestelle, füge ich Ihnen bei.

Es wird beim Antwortschreiben der Beschwerdestelle der HVB Falsches dargestellt. Die Aussage von der Bankangestellten, Frau Henn, wollen Sie Klorollen, als ich fragte, in der Bank, wohlgemerkt, ob ich Rollen haben könnte, ist für mich der Hohn.

Meine EC-Karte gab ich der Frau Henn, die Frau Henn hat sie dann an Herrn Ulm weitergegeben. Herr Ulm hat sie mir dann wieder, nach der Aktion, ausgehändigt.
Falsch ist, dass von den Bankangestellten, Frau Henn und Herrn Ulm, behauptet wird, dass ich meine EC-Karte nicht dabei gehabt hätte.

Nehmen Sie dies bitte zu Ihren Akten.

Vielen Dank im voraus.

Mit freundlichen Grüßen

Bernd Schubert

Herrn
Bernd Schubert
Gerberplatz 5
87700 Memmingen

HypoVereinsbank – Member of UniCredit
UniCredit Bank AG
Beschwerdemanagement PUC3B1
Postanschrift:
80311 München
Fax: 089 378-23347

Bearbeitungsnummer
411701282/177858161
bitte stets angeben

Ihr Gesprächspartner
Frau Carolin Weißgerber

Telefon
089 378-29013

Datum
25. Juli 2017

Sehr geehrter Herr Schubert,

wir nehmen Bezug auf Ihr Schreiben vom 13. Juli 2017 an unseren Vorstand, in dem Sie Ihre Verärgerung über die Behandlung in der Filiale Memmingen geäußert haben. Als Beschwerdemanagement des Vorstands wurden wir mit der Beantwortung Ihres Anliegens beauftragt.

Wir bedauern sehr, dass Sie mit dem Service in unserer Filiale Memmingen nicht zufrieden waren. Selbstverständlich sind wir als Bank daran interessiert, unseren Kunden einen guten Service zu bieten.

Deshalb haben wir den Sachverhalt bei der verantwortlichen Filialleiterin, Frau Katrin Krick, angefragt und um eine Stellungnahme der betreffenden Mitarbeiter gebeten. Der Sachverhalt stellt sich jedoch anders dar, als von Ihnen geschildert.

Nach unseren Recherchen baten Sie bei Ihrem Besuch in der Filiale um die Rückgabe diverser Lastschriften. Da Sie keine Kontokarte dabei hatten und auch die Kontonummer nicht nennen konnten, musste unsere Schaltermitarbeiterin die Daten in der EDV suchen. Die von Ihnen genannten Aussagen können wir nicht nachvollziehen.

Aufgrund der mit der Kontonummernsuche verbundenen zeitlichen Verzögerung baten Sie um ein Gespräch mit dem Filialleiter. In diesem Gespräch wurden Sie auf die Vorgaben unseres Hauses zur Kontoführung im Rahmen unserer AGB hingewiesen. Ein Fehlverhalten der handelnden Mitarbeiter können wir vorstehend nicht feststellen.

Die von Herrn Ulm erwähnten Hinweise zur Kontoführung bitten wir entsprechend zu beachten. Für künftige Filialbesuche empfehlen wir Ihnen die Mitnahme Ihrer HVB ecKarte. Lastschriftrückgaben können Sie auch selbständig mittels HVB DirectB@nking oder am sbTerminal veranlassen.

Vorstandsmitglieder
Dr. Theodor Weimer (Sprecher des Vorstands)
Peter Buschbeck, Dr. Michael Diederich,
Heinz Laber, Robert Schindler,
Andrea Varese, Guglielmo Zadra

Vorsitzender des Aufsichtsrats:
Giotto Trifoni Ittes

UniCredit Bank AG

Rechtsform: Aktiengesellschaft
Sitz: München
Registergericht: München HR B 421 48
Steuer-Nr. 143/721/73404
USt-IdNr. DE 129 273 380

www.hvb.de

**HypoVereinsbank** Member of **UniCredit**

Zum Schluss erlauben Sie uns einen Hinweis: Sachliche Kritik nehmen wir jederzeit gern an. Wir halten einen angemessenen Ton für einen wichtigen Bestandteil einer partnerschaftlichen Geschäftsbeziehung. Wir bitten Sie höflich, dies bei Ihren nächsten Anliegen zu beachten

Mit freundlichen Grüßen

UniCredit Bank AG

Monika Martini   Carolin Weißgerber

Vorsitzender des ...
Dr. Theodor Weimer (Sprecher des Vorstands),
Peter Buschbeck, Dr. Michael Diederich,
Heinz Laber, Robert Schindler,
Andrea Varese, Guglielmo Zadra

Vorsitzender des Aufsichtsrats:
Gianni Franco Papa

UniCredit Bank AG

Rechtsform: Aktiengesellschaft
HRB München ...
Registergericht: München HRB 421 48
Steuernr.: 143 / 107 / 71008
USt-IdNr.: DE 129 273 380

www.hvb.de

Bearbeitungsnummer 411701282/177858161 Frau Henn

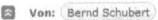

Von: (Bernd Schubert)

An: (helena.klaric@unicredit.de)

27.07.2017 um 12:09 Uhr

Bernd Schubert
Gerberplatz 5
87700 Memmingen
geb. 16.04.1977

Memmingen, 27.07.2017

Hypovereinsbank München

Ihr Beschwerdeschreiben vom 25.07.17

Sehr geehrte Frau Klaric,

in Ihrem Schreiben vom 25.07.17 führen Sie auf, dass ich die EC-Karte bei dem Bankbesuch bei dem es ein Problem mit Ihrer Bankangestellten, Frau Henn, gegeben hat, nicht dabei gehabt hätte. Ich habe die EC-Karte bei jedem Bankbesuch dabei. Die Frau Henn hat mich nicht danach gefragt.

Frau Henn hat absichtlich 5 Minuten provuziert, und nach 5 Minuten noch keine Aussage über mein Konto gegeben. Andauernd war Frau Henn absichtlich unfreundlich zu mir, wenn ich etwas fragte.

Der Abteilungsleiter, Herr Ulm, drohte mir an, er könne mir das Konto kündigen, es gab aber keinen Grund hierfür.

Mit freundlichen Grüßen

Bernd Schubert

Herrn
Bernd Schubert
Gerberplatz 5
87700 Memmingen

UniCredit Bank AG
Online Filiale
8100POB1
90325 Nürnberg
Telefax:
E-Mail: helena.klaric@unicredit.de

Ihr Gesprächspartner	Telefon	Datum
Helena Klaric	+49 08937842654	01. August 2017

Ihr Konto, Nummer: 15424827
Hier: Kontokündigung

Sehr geehrter Herr Schubert,

unter Hinweis auf Ziffer 19 unserer Allgemeinen Geschäftsbedingungen kündigen wir die Kontoverbindung und gegebenenfalls bestehende Kartenverträge bezüglich des oben genannten Kontos zum

06.10.2017.

Bitte sorgen Sie dafür, dass Ihr Zahlungsverkehr ab diesem Zeitpunkt nicht mehr über uns abgewickelt wird.

Teilen Sie uns bitte Ihre neue Kontoverbindung unter Angabe von IBAN und BIC (bei Konten im Ausland) mit, damit wir Ihnen das auf dem Konto bestehende Restguthaben zum Kündigungstermin überweisen können.

Die noch in Ihren Händen befindlichen Scheckvordrucke sowie die Kundenkarte/ ec-Karte/ Visa-Karte/ MasterCard, UniCredit Prepaidkarten sind dann spätestens zum oben genannten Zeitpunkt an uns zurückzugeben.

Nachfolgende Punkte zu Ihrer Information:
- Vorgemerkte Daueraufträge werden wir zum o. g. Zeitpunkt streichen, diese werden dann nicht mehr ausgeführt
- EC-/Kreditkarten werden wir zum o. g. Zeitpunkt sperren

Mit freundlichen Grüßen

Ihr KundenCenter

Vorstandsmitglieder
Dr. Theodor Weimer (Sprecher des Vorstands),
Peter Buschbeck, Dr. Michael Diederich,
Heinz Laber, Robert Schindler,
Andrea Weisz, Guglielmo Zadra

Vorsitzende des Aufsichtsrats
Gianni Franco Papa

UniCredit Bank AG

Rechtsform: Aktiengesellschaft
Sitz: München
Registergericht: München HR B 421 48
Steuer-Nr.: 143/107/71000
USt-IdNr.: DE 129 273 380

www.hvb.de

Es ist kaum zu glauben, wo die fiesen Leute überall sitzen. Ich habe meine EC-Karte dabei gehabt und der Filialleiter hat sie mir am Schluss wieder zurückgegeben. Es ist selbstverständlich, dass man da etwas lauter wird, wenn man verachtend behandelt wird und einem daraufhin noch angedroht wird, dass das Konto gekündigt werden kann. Dies wäre jetzt wieder ein Fall für die oberste Stelle in Berlin, Angela Merkel. Ein Girokonto ist lebensnotwendig. Es wurde von den Bankern irgendetwas zusammengelogen und über das Beschwerdemanagement des Kreditinstitutes wurden mir diese Lügen dann mitgeteilt. Einige Zeit später kündigten sie mir zusätzlich noch mein Konto. Berlin müsste davon Bescheid wissen, da es wieder keine Anlaufstelle gibt, an die man sich hier wenden kann. Hätte ich nicht, wie durch ein Wunder ein Girokonto bei einer anderen Bank bekommen, wäre in meinem Leben alles zusammengebrochen. Die Konkurrenzbank, bei der ich nun war, zog glücklicherweise noch vor dem Kündigungstermin der alten Bank das Konto, das neue Konto erhielt wieder ein Kreditlimit, mit dem Minussaldo ein. Ich wurde vom neuen Kreditinstitut so freundlich behandelt, man bot mir beim Beratungsgespräch etwas zu trinken an, und alles, was mit der Änderung des eingerichteten Kontos zu tun hatte wurde wunschgemäß ausgeführt. Ich fühlte mich nach langer Zeit wieder wie ein akzeptierter Bankkunde. Der Kunde ist König, heißt es ja.

Letztes Jahr bin ich jeweils für ein paar Monate bei der SPD und bei der CDU/CSU Mitglied gewesen. Ich habe

die Mitgliedschaft bei beiden Parteien dann wieder gekündigt, weil ich keinen Nutzen darin gesehen habe.
In der SPD erreichte ich mit einem einzigen Schreiben gerade einmal, dass mir zuverlässig, regelmäßig der „Vorwärts" zugesandt wurde. Die SPD-Politiker möchten ihren Posten behalten und eine bessere Position möchten sie einem neuen SPD-Mitglied ja nicht anbieten, diese Position und Arbeitsstelle möchten sie schließlich selbst.

In der CDU/CSU verläuft es nicht anders. Dem damaligen bayerischen Ministerpräsidenten Horst Seehofer schrieb ich zwei drei Mal, aber man braucht nicht erwarten, dass das ganze dann persönlich beantwortet wird. Die Antworten von untergeordneten Angestellten beinhalten schon die einen oder anderen in irgendeiner Weise passenden Beschreibungen, nur abschließend kommen diese Leute dann mit einer Abweisung auf den Punkt.

Die Leser meines Buches könnten jetzt meinen, ich wäre bescheuert, wenn Angela Merkel´s Büroangestellte aus dem Bundeskanzleramt die Briefe von mir als teilweise nicht zutreffend bewerten, oder sie tun so, als würden sie etwas nicht verstehen. Sie senden ein Buch ohne großen Kommentar einfach zurück oder sie geben keine „richtige" Hilfe. In meinen Briefen sind nur allgemeine Themen angesprochen. Mein durchschlagendes Kontra heißt hier aber: Es ist sehr wohl bei der Bevölkerung von Interesse, ob ausreichend Wohnungen in Deutschland verfügbar sind. Auch der Begriff Gerechtigkeit darf kein Fremdwort sein. Des weiteren möchten junge Unternehmer das Geschäft und alles, was sie da eingesetzt haben, nicht aufgeben, nur weil der Staat einige wichtige Einzelheiten, auf die es drauf an kommt, nicht im Griff hat. Die Möglichkeit, für ein Buch zu werben und sei es noch so originell, sollte einem Buch-Autor im deutschen Staate nicht verbaut werden. Der Staat in unserem Heimatland steuert sämtliche eben angeführte Themen.

Bayerisches Staatsministerium des
Innern, für Bau und Verkehr

Herrn
Bernd Schubert
Gerberplatz 5
87700 Memmingen

Bayern.
Die Zukunft.

Ihr Zeichen, Ihre Nachricht vom	Unser Zeichen	Bearbeiter	München
08.07.2017	IC4-3618-8-5	Herr Vogginger	12.07.2017

Verfolgung und Ahndung von Verkehrsordnungswidrigkeiten;
Beschwerde über Ruhestörung durch laute Kfz-Führer

Sehr geehrter Herr Schubert,

hiermit bestätigen wir den Eingang Ihres Schreibens vom 08.07.2017. Wir haben
das Polizeipräsidium Schwaben Süd/West gebeten, Ihr Anliegen zu prüfen und
Ihnen abschließend zu antworten. Weitere Nachricht werden Sie unmittelbar von
dort erhalten. Bis dahin dürfen wir noch um Geduld bitten.

Mit freundlichen Grüßen

Vogginger
Erster Polizeihauptkommissar

Telefon: 089 2192-01   E-Mail: poststelle@stmi.bayern.de   Odeonsplatz 3 · 80539 München
Telefax: 089 2192-12225   Internet: www.innenministerium.bayern.de   U3, U4, U5, U6, Bus 100 (Odeonspl.)

Polizeipräsidium Schwaben Süd/West

Sachgebiet PV 1

Polizeipräsidium Schwaben Süd/West- 87439 Kempten

Herrn
Bernd Schubert
Gerberplatz 5
87700 Memmingen

Ihr Zeichen, Ihre Nachricht vom

Ihre Beschwerde vom 28.07.2017 gegen Beamte der Polizeiinspektion Memmingen

Sehr geehrter Herr Schubert,

wir bestätigen Ihnen den Eingang Ihres Schreibens vom 28.07.2017.

Wir haben dieses zuständigkeitshalber an die Polizeiinspektion Memmingen zur weiteren Bearbeitung übermittelt. Diese wird sich mit Ihnen in Verbindung setzen.

Mit freundlichen Grüßen

Kögel

Kögel
Polizeioberinspektorin

Hausanschrift: Auf der Breite 17, 87439 Kempten | Öffentliche Verkehrsmittel: Linie 10 Lauben (Rottachstr./Breite), Linie 96 -Atsavard (Rottachstr./Breite), Linie 2 auf dem Bühl (Rottachstr./Friedhof), Linie 8 Schwabenweg Süd (Rottachstr./Friedhof) | Telefon: 0831/9909-0, Telefax: 0831/9909-1499, Internet: www.polizeipraesidium-schwaben-sw.de, eMail: pp-sws-kempten.pp@polizei.bayern.de | Bankverbindung: Bayerische Landesbank München, IBAN DE74 7005 0000 0001 2792 82, BIC BYLADEMM

Polizeiinspektion Memmingen

- *Leiter* -

Polizeiinspektion * Am Schunzmeister 2 * 87700 Memmingen

Herr
Bernd Schubert
Gerberplatz 5

87700 Memmingen

05.09.2017

Sehr geehrter Herr Schubert,

bezugnehmend auf ihre Mail vom 28.07.2017 an das StMI, Sachgebiet IC4 möchte
ich Ihnen hiermit wie folgt Auskunft geben:

Mit dem Fahrer des Pkw urde Kontakt aufgenommen.

Dieser zeigte sich sehr einsichtig. Er gab an, dass es sich bei dem Fahrzeug um einen sehr PS-starken Wagen handelt und dieser beim Gas geben den für einen
Sportwagen typischen Auspuffsound erzeugt.

Der Herr wurde mündlich verwarnt.

Für meine etwas verspätete Antwort bitte ich um Nachsicht, da ich mich bis vor Kur-
zem im Urlaub befand.

Mit freundlichen Grüßen

Eberhard Bethke
Polizeioberrat

Hausanschrift: Am Schunzmeister   Telefon: 08331 / 100 - 0
                   87700 Memmingen   Telefax: 08331 / 100-140
                                        eMail: pp-schw.memmingen.pi@polizei.bayern.de

Die Polizei hat mehr Arbeit durch Anzeigen. Das freut die Polizei eigentlich. Die erste Anzeige habe ich gemacht, als ein Autofahrer eines schnellen Wagens wie in einem Autorennen von 0 auf 80 km/h im verkehrsberuhigten Bereich hinter und neben mir beschleunigte, die zweite Anzeige habe ich aufgegeben, nachdem ich vor einer Kneipe mit eigenen Augen mitbekam, dass ein Kneipengast beim überqueren der Straße von einem Raser fast überfahren worden wäre. In diesen Fällen möchte ich wissen, ob die beiden Raser eine Strafe vom Staat bekommen haben. Ich habe ja die Kennzeichen der beiden Autofahrer abgelesen, aber die Polizei konnte mir nur mitteilen, dass der eine Raser mündlich verwarnt worden sein, der andere Autofahrer konnte nicht verwarnt werden, da sich die Polizisten mit dem Fahrzeug das der Schnellfahrer hatte, nicht sicher waren. Beim zweiten Raser wurde also gar nichts weiteres unternommen. Vergleicht man einmal, was man mit mir gemacht hat, als die Nachbarn mich wegen einer Musik, die nicht einmal laut war, angezeigt haben und die Polizei sofort ein Bußgeld von 128,50 ausgesprochen hatte, so ist es lächerlich, wie mit den Rasern vorgegangen wurde. War ich für die Polizei hier nicht glaubwürdig genug und wieso werde ich auf der anderen Seite gleich zu einer Strafe von 128,50 verdonnert, obwohl die Polizei wegen der von den Nachbarn unterstellten zu lauten Musik erst einmal da gewesen ist?

Warum schreibe ich viermal dem Bundeskanzleramt? Ja natürlich, damit was besser wird. Vieles von mir angesprochene ist so sinnlos und ausweglos für mich und auch für eine Vielzahl von Mitbürgerinnen und Mitbürger. Aber ICH kann´s ja nicht ändern. Die Schreiben von verschiedenen Behörden und Ämtern veröffentliche ich hier mit diesem Werk, damit endlich mal in Deutschland etwas besser wird. Die Schriftstücke habe ich von diesen Stellen erhalten, also werden sie von mir auch an die Öffentlichkeit gebracht.

Ohne neues Denken kein zufriedenes und gesundes Vaterland.

Kapitel 9   Die Taxikonzession

Es ist Januar 2019 und ich habe eine Zusage für eine Taxikonzession in der Stadt Neu-Ulm bekommen. Seit 13 Jahren warte ich auf eine Taxikonzession und ich bin immer nur aushilfsweise bei verschiedenen Taxiunternehmen Taxi gefahren. Im Jahr 2005 habe ich die für ein Taxiunternehmen benötigte Taxiunternehmerprüfung in Augsburg abgelegt. Außer dieser Prüfung brauchte ich zur Eintragung in die Warteliste für Neubewerber für eine Taxikonzession nur noch einen Taxischein und einen Führerschein, das hatte ich ja. Nun, eine Taxikonzession von einer Stadt zu erhalten, ist schon eine große Sache, zum einen kann man als Taxiunternehmer sehr viel Geld verdienen, zum anderen genießt man Ansehen bei Freunden und Kunden. So kam es dazu, ich konnte als Aushilfsfahrer kein Geld auf die Seite bekommen, dass ich mich im Internet um einen Geschäftspartner für ein Taxiunternehmen in Neu-Ulm umsah. Es meldete sich auf meine Anzeige gleich ein reicher Taxiunternehmer aus der Pfalz. Er meinte im Antwortschreiben auf die Anzeige, dass er Mercedes oder VW finanzieren kann. Damit ist dieser Unternehmer aber Teilhaber des Geschäfts und da ich mit einem Taxifahrer aus Memmingen sprach, und der mir sagte, dass ich das lieber allein machen sollte, war ich gegen einen Mitverdiener an meinem Unternehmen. Die 30.000 Euro, die ich für das Taxiunternehmen einsetzen würde, wären mir egal, versicherte mir der coole Taxifahrer. Ich für meinen Teil konnte aber nur über einen Kredit die 30.000 Euro auftreiben. Ein weiterer Taxifahrer aus Memmingen sagte zu mir im Taxi, ich brauchte am Wochenende nach einer Kneipentour wieder mal ein

Taxi, dass ein junger Taxiunternehmer, der in Memmingen neu angefangen hatte (Abkauf einer Konzession) es ganz gut macht, gerade was Taxikunden betrifft. Zuvor hielt ein Taxi, das nicht für mich bestimmt war vor der Kneipe, wo ich schon wartete, und ich sprach mit dem Fahrer des Taxis. Er war der Taxiunternehmer eines Memminger Taxiunternehmens, das ich kannte. Er sagte mir im Gespräch, dass er kein Interesse an einem Unternehmen in Neu-Ulm hätte, als Geschäftspartner. Zu Hause mit dem anderen Taxi angekommen musste ich erst einmal meinen Rausch ausschlafen, den ich hatte, nachdem ich in einer Bar in Memmingen die Zuteilung der freien Taxikonzession in Neu-Ulm gefeiert hatte. Heute sagt man auch Taxigenehmigung dazu. Das Schreiben der Stadt Neu-Ulm machte mich sehr glücklich. Vor 13 Jahren, als ich die Taxigenehmigung beantragte, bewarb ich mich um eine Konzession in der Stadt Senden, Vöhringen und Illertissen zusätzlich, in Memmingen natürlich auch. Zu der Zeit führte ich ja einen Fahrservice in Memmingen. Den Fahrservice gab ich aber nach 2 Jahren wieder auf wegen Auftragseinbruch. Jetzt habe ich die Chance, in Neu-Ulm, einer Stadt mit 60.000 Einwohnern, ein Taxiunternehmen aufzumachen. Nicht nur am Bahnhof könnte ich mit dem Taxi auf Kunden warten, nein auch an weiteren Taxihalteplätzen in der Stadt, erzählte mir der Chef vom Landratsamt. Das Taxigewerbe in Neu-Ulm werde durch zusätzliche Konzessionen aufgestockt. Ich war der Glückliche. Ein alter Unternehmer in der Stadt Neu-Ulm musste schließen, dadurch wurden auch Konzessionen frei. Aber das Interessante fand ich, war, dass Taxigenehmigungen aufgestockt wurden, da die Einwohnerzahl in der Stadt gestiegen ist. Das versprach gute Zukunftsaussichten. Für ein Taxigewerbe ist es wichtig, dass "von allem" etwas in der Stadt vorhanden ist. Freudenhäuser, ein großes Schwimmbad, ein riesiges Kino und die Universitätsstadt Ulm befindet sich gleich neben dieser Stadt, für die ich eine Taxigenehmigung bekommen sollte. Basti, ein sehr guter Kumpel aus dem UNO, eine gut gehende Kneipe in Memmingen, erwiderte mir überhaupt nichts, als ich ihn fragte, ob er mit mir in Neu-Ulm Taxi fahren möchte. Er sagte mir, dass er einen super Job hätte. Klar kann man auch ohne Taxiunternehmen glücklich sein. Auch muss ich erwähnen, dass ich trotz allem nicht weiß, was auf mich zukommt. Es kann aus irgendwelchen Gründen, die ich nicht weiß, das Unternehmen nicht gehen und die eingesetzten 30.000 € sind dahin. Das ist das Risiko, das hier jeder hat. Mit einem Illertisser Taxiunternehmer habe ich mich vor zwei Tagen am Telefon unterhalten. Dieser sagte zum neuen Taxiunternehmen in Neu-Ulm: Das müsste schon gehen. Die AOK Bayern vergibt Taxifahrten nur noch zu Niedrigfahrpreisen. Das Gesetz schreibt vor, dass ein Taxiunternehmen gar nicht unter Tarif fahren darf. Da sind wir schon bei Mafiamethode Nummer Eins. Die meisten Fahrten sind ja von den Krankenkassen bei den Taxiunternehmen. Die AOK ist die größte Krankenkasse in Deutschland. Jetzt habe ich die Möglichkeit, dass entweder ein anderes Unternehmen in Neu-Ulm mich mit ihren Aufträgen mitzieht, sprich, auch mal an mich eine Fahrt weitergibt, wenn es die Fahrt nicht machen kann. Oder eine weiter Möglichkeit ist es, in die Taxigenossenschaft "Donautaxen" für 600,- € Beitrag im Jahr beizutreten. Somit hätte ich dann einen großen Anteil an Fahrten von dem Kuchen, den die Genossenschaft verteilt. Eine weitere Fahrt, z. B. nach

Stuttgart wäre dann auch mal drin. Ein Taxifahrer aus Memmingen, den ich kenne, meinte zum Thema Taxigenossenschaft, dass ich das auch so, also ohne Genossenschaft und Beitrag hinkriegen kann.

Zu meiner Person, ich bin Frührentner, aber nicht balla balla. Wenn man im Leben keine Aussichten mehr hat, gibt es vieles, was passieren kann, ICH wurde in die Rente geschickt. Bildung habe ich genug. 1995 wurde ich Industriekaufmann. Bankkaufmann wurde ich im Jahr 2000. Als Taxiunternehmer habe ich mich 2005 selbst ausgebildet und habe die Prüfung bestanden. Bücher schreibe ich von 2012 bis heute über das deutsche System und über das, was ich alles erlebt habe. Mit Leichtigkeit müsste ich, die Fahraufträge vorausgesetzt, ein Unternehmen in Neu-Ulm bewältigen können. Gott habe ich des Öfteren angerufen, wo bist du, ich stehe vor dem Nichts. Eine kleine Wohnung habe ich angemietet und ein verrostetes Fahrrad besitze ich. Sonst gibt es nichts in meinem Leben. Und auf einmal kommt eine Zusage für eine Taxikonzession von einer interessanten Stadt, die mir nicht ganz fremd ist. Der Hürdenlauf verhält sich hier aber extrem. Ich kann mit einem Geschäftspartner mein Unternehmen gründen. Oder ich eröffne mein Taxiunternehmen mit Kapital, das ich mir von der Bank leihe. Mit einem Geschäftspartner gebe ich die Hälfte des Unternehmens an jemanden ab. Leihe ich mir Geld von der Bank, gehe ich das Risiko ein, dass ich überschuldet bin. Da ist es mir sympathischer, ich gründe mit einem Partner, setze nur die Konzession ein, die 30.000 € wert ist und die weiteren 30.000 € in bar, die der Geschäftspartner mitbringt, sind nicht mein Risiko. Da ich aber mit 41 Jahren schon in der Frührente bin, könnte ich als zweiter Geschäftspartner nur auf 450,-

Basis arbeiten, also nur das Unternehmen leiten und ein bisschen fahren. Was ich nicht darf, ist, eine weitere Option in Erwägung zu ziehen und die wäre, meinen Partner als Inhaber umschreiben zu lassen. Das geht aber nicht.

In Ulm und Neu-Ulm gibt es die Genossenschaft Donautaxen. Dieser verteilt ihre Fahraufträge, einfache Telefonnummer, an die Taxiunternehmen in Ulm und Neu-Ulm. Im Vorstand der Donautaxen: Türke ... und ... ! Ich habe nichts gegen Türken, aber ein Türke wird immer einem Türken Aufträge geben. In Neu-Ulm, die Stadt, in der ich ein Taxiunternehmen gründen will, hat sehr viele türkische Taxifahrer. Das heißt, ich habe einen Nachteil, wenn ich Donautaxen beitrete.

Ich habe eine schöne Lebensversicherung, aber diese verliere, ich, sollte ich mich selbstständig machen. Zum einen nimmt mir der Insolvenzverwalter die Lebensversicherung, wenn das mit dem Taxiunternehmen schief geht, die Lebensversicherung hat ja einen Rückkaufswert von über 10.000 Euro, zum anderen nimmt mir die Bank die Lebensversicherung, gebe ich die LV als Sicherheit beim Kreditinstitut ab, wenn das Unternehmen den Bach hinunter geht.
Selbst wenn die Bank, die den Kredit gewährt, nicht die Lebensversicherung als Sicherheit braucht und den Kredit ohne weiteres einräumt, habe ich ein viel zu hohes Risiko, denn wie soll ich, wenn es mit der Selbstständigkeit nichts wird 30.000-40.000 € abzahlen?

Die Taxigenehmigung wird auf mich ausgestellt, somit bin nur ich Inhaber. Des weiteren ist der Inhaber verpflichtet in Vollzeit zu arbeiten. Damit verlasse ich freiwillig die Rente und das Nichtstun. Die bekannte, große Versicherungsgesellschaft bezahlt mir bis 2037 180.000,- in Form einer BU-Rente. Von der Deutschen Rentenversicherung erhalte ich unbefristet den Hartz4-Satz. Die Rente von der DRV oder der Hartz4-Satz sind menschenunwürdig. Also lebe ich von der Bayern-Versicherung.

Eventuell wollen die Memminger einen Taxiunternehmer vor dem Jahr 2037. Es wäre ja möglich, dass die Einwohnerzahl bis dahin steigt. Dann sollte das Taxigewerbe mit Konzessionen aufgestockt werden. Vorher mache ich keinen Finger krumm.

Dies ist eigentlich meine Meinung.

Gestern war ich bei einer Taxiunternehmerin in Memmingen am Bahnhof. Ich wollte von ihr im Gespräch wissen, wie ich Werbung machen könnte für ein Taxiunternehmen in Neu-Ulm. Sie gab mir den Tipp, kleine Aufkleber auf Kugelschreiber zu kleben und dann den Kugelschreiber mitgeben. Visitenkarten druckt sie alle selber, sagte sie.

Dem Staat ist es egal, früher, zur Zeit der Könige, ist man geköpft worden, heute schicken sie die Leute in die Selbstständigkeit und wenn es nichts wird, hat man Hartz4 und man muss einen Kredit abzahlen.

Mit der Rente habe ich eine Absicherung. Wenn ich aus der Rente herausgehe und mir mit Hartz4 ein Einstiegsgeld zahlen lasse, das ganze aber schief geht, fällt der Staat über mich her mit Insolvenz, was Schwachsinn ist. Mache ich keine Insolvenz, habe ich, wie schon erwähnt Hartz4 und Kreditabzahlen. Dann habe ich in meinem ganzen Leben nie wieder Geld. Ich kann so vieles im Leben machen, ich muss nicht ein Geschäft gründen, das von vorn herein nicht laufen kann. Zum Beispiel kann ich Wirt einer Kneipe werden, da tue ich mir in Memmingen aber schwer, weil sogar der Wirt mit dem am besten gehenden Lokal schon Probleme gehabt hat.

Den Spaß habe ich, wenn ich mit meinem neuen Taxiunternehmen ein nagelneues Taxi fahre und Ansehen bei den Leuten, die mich kennen, wenn ich sage, ich habe ein neues Taxiunternehmen. Aber wenn ich mir mal anschaue, welche Kunden ich in Neu-Ulm haben werde, im Vorstand von Donautaxen sind zwei Türken, und ein Türke gibt immer einem Türken Aufträge, dann muss ich sagen, keine. Ich fange neu in Neu-Ulm an und ich gehe Kunden und Auftraggeber an, dann sagen diese, wieso soll ich Dir Aufträge geben, ich kenn Dich ja gar nicht.

Wenn das neu Gründen nicht sicher ist, kann man es vergessen.

FÜR das Taxiunternehmen spricht, dass ich sofort Arbeit habe und ich fahre gerne Taxi. Ich fahre in der Früh los an den Bahnhof und fahre meine Fahrten den ganzen Tag ab. Jetzt muss ich aber jemanden einstellen, weil nachts muss das Taxiunternehmen auch laufen und ich habe Betriebspflicht. Das heißt, dass das Taxi 24 Stunden erreichbar sein muss. So kann ich also einen 450,- Euro - Taxifahrer einstellen, dieser fährt mir dann eineinhalb Tage die Woche, bzw. in der Nacht. Was ist mit der restlichen Zeit? Dann springt ein Taxifahrer wieder mal ab, weil er was anderes machen möchte. Der nächste fährt mein Taxi an und ich muss 1.000 Euro

Selbstbeteiligung bei der Versicherung selber zahlen. Und wieder einer ist nicht zuverlässig. Jetzt wird es ja dazu kommen, dass ich als absoluter Neuling mein Werk beginnen muss und ich habe gehört, dass die Memminger Taxis viel besser verdienen als die Neu-Ulmer und die Ulmer, weil diese bei ihren großen Krankenhäusern eigene Fahrzeuge haben, in Memmingen fahren alles die Taxis. Auch gibt es sehr viele Taxis in Ulm, gleich 70 Stück, diese nehmen natürlich dann auch in Neu-Ulm Fahrgäste mit. Das ganze Fahren in Neu-Ulm macht sicher sehr viel Spaß, auch im Hinblick darauf, dass Neu-Ulm außer dem Bahnhof noch weitere Taxihalteplätze in der Stadt hat, aber wenn ich dann oft immer wieder mitbekomme, wie Leute verschuldet sind und die Gesamtkosten eines Taxiunternehmens doch wahnsinnig hoch sind, dann lass ich die Selbstständigkeit in Neu-Ulm lieber sein. Ich habe alles durchgerechnet, von den Kosten, wie die Krankenversicherung für mich selbst, der Betriebsversicherung, der Rechtschutzversicherung, der 7%-igen Steuer, und und und.

Und dann noch das Taxi selbst, das neu sein sollte, damit man Garantie hat. Ca. 30.000 € werden für so ein Unternehmen benötigt, und die wären dann weg, wenn es schief geht. Die Krankenkasse AOK versteigert ihre Fahrten in Bayern im Internet, d. h. ein Unternehmen kann zum halben Preis fahren. Die zweiten 30.000 € bringe ich zwar einfach mit ein, denn die Konzession, die ich von der Stadt erteilt bekomme, ist für mich kostenlos. Alle 50 Jahre werden vielleicht einmal Konzessionen von einer Stadt neu verteilt. Also war das für mich schon ein Glücksfall. Führe ich das Unternehmen zwei Jahre einwandfrei, darf ich die Konzession verkaufen. Das 1.

Jahr in meiner Selbstständigkeit verdiene ich aber erst mal nichts.

Hätte das Unternehmen aber doch eine Chance am Markt gehabt, würde ich mich sehr ärgern. In der Washington-Allee in Neu-Ulm hätte ich eine freie Wohnung beziehen können. Es handelte sich um ein in 2012 gebautes Anwesen mit vielen kleinen Wohnungen, das im Wohngebiet Neu-Ulm steht. Meine BU-Rente und die gesetzliche Rentenversicherung würde ich auch bei gescheiterter Selbstständigkeit wieder kriegen, sagte ich mir. Den Gründerkredit würde mir die KfW, mit einer Lebensversicherung abgesichert, geben. Hierbei hat die Kreditanstalt für Wiederaufbau 80 % Haftung.

In Oldenburg wäre mein Taxi dann mit Folie beklebt worden und mit einem Taxameter und Taxialarm ausgestattet worden. Nach Oldenburg hin und wieder zurück nach Neu-Ulm wäre eine Spedition, mit dem Taxi aufgeladen, gefahren. Mit einem neuen Dacia Duster, der mit dem früheren Hummer Ähnlichkeit hat, würde ich dann am Bahnhof in Neu-Ulm stehen. Nach dem gestrigen Abend im UNO bin ich aber darauf gekommen, dass mir nach einer eventuell gescheiterten Selbstständigkeit folgende Möglichkeiten zur Verfügung stehen. Ein Betreuer wird dann mit großer Wahrscheinlichkeit die 30.000 oder 40.000 € Schulden als Insolvenzmasse beim Insolvenzverwalter eingeben. Laut Staat erhalte ich die Rente von der deutschen Rentenversicherung aber erst nach 3 Jahren, nach gescheiterter Selbstständigkeit, wieder. Das gleiche gilt für die Bayern-Versicherung, bei der ich eine BU-Rente habe. Ganz unten angekommen würde ich vom Staat mit

Mietzuschuss und Zuwendungen an Weihnachten und bei Defekt von Haushaltsgeräten leben. (Eine Selbstständigkeit hätte ich ja schon vor 13 Jahren, als ich mich überall für ein eigenes Taxi eintragen ließ. Zu der Zeit, als ich eine laufende Betreuung hatte, musste ich andauernd Prüfungen von der Bayern-Versicherung und von der DRV über mich ergehen lassen. Mit dem Betreuer konnte ich in der Zeit gerade noch eine aufgelöste Lebensversicherung wieder in Kraft setzen.) Was mit dem Namen des Mietwagenunternehmes, mit dem Leute von A nach B gefahren worden sind, Fahrservice Schubert, so wunderbar angefangen hat, endete damals zunächst erstmal als Drama. Den "Rausch", den ich vom eigenen, unschlagbaren, tollen Taxi-/Mietwagenunternehmen 2006 und 2007 hatte, verlor ich an dem Zeitpunkt, an dem ich mittellos eine Betreuung erteilt bekam. Es war so dramatisch für mich, das Ansehen bei Bekannten und Kunden nicht mehr zu haben und als junger Mensch mit 3 gelernten Berufen auf einmal von einem Betreuer betreut zu werden. Heute habe ich mit 41 Jahren endlich erfahren, dass eine Betreuung, nachdem sich jemand vollkommen überschuldet hat, ganz gewöhnlich ist. Menschen, die Bürger mit einer Betreuung heute verachten oder links liegen lassen, haben keine Ahnung vom Leben.

Du kannst einen Geschäftsplan aufstellen, das Einstiegsgeld vom Arbeitsamt bekommen, das Kreditinstitut überzeugen, damit Du einen großen Kredit erhältst, Leute beauftragen, dass sie Dir das Auto vorbereiten, die Buchhaltung von jemandem machen lassen, aber Du bekommst in Neu-Ulm keine Aufträge. Und das Geschäftsrisiko mit einem Einstieg eines

Geschäftspartners absichern, bringt auch nichts, dann hat der Taxiunternehmer nur noch den halben Gewinn und er reicht mit einem Taxi nicht für 2 Personen. Bei einer Mitgliedschaft in der Donautaxen eG, die 2 türkische Staatsangehörige als Vorstände hat, einen hohen Jahresbeitrag hat, gehe ich in die Insolvenz. Da ist dann Gefängnis noch besser, denn ich hätte zum Schluss drei Zahlungen, den Kredit, das Essen und die Wohnung.

Die Lebensversicherung wird als Sicherheit für den Kredit am bitteren Ende von der Bank aufgelöst. Im Fall einer Insolvenz nimmt der Staat sämtliches dem Taxiunternehmer.

Selbst ein Reicher wird, hat er die Wahl, bei einer Taxikonzessions-Zuteilung, ein Taxiunternehmen mit 1 Taxi zu eröffnen, das nicht machen. Ich kann als reicher Mann natürlich noch zwei drei Mietwagen zusätzlich zum eigenen Taxi dazukaufen, aber selbst damit wird der Neue in Neu-Ulm keinen Boden gewinnen können. Die zusätzlich zu der Taxikonzession eingesetzten 30.000 € wären verloren.

Eine liebe Taxiunternehmerin aus Memmingen hat mir so schöne die Unternehmertätigkeit beschrieben. Werbung wäre günstig zu bewerkstelligen. Sie machte mir auch klar, die AOK links liegen zu lassen, da die AOK die Unternehmen sowieso betrügt.

Auch könnte ich das Taxiunternehmen nur teilweise führen, oder nebenher noch etwas anderes machen. Die Stadt wäre nicht so streng, wäre ich einmal 2-4 Stunden nicht am Taxihalteplatz. Diese Taxiunternehmerin sagte stolz zu mir, dass sie die Taxikonzession auch nicht hergebe, sie kann mit Ihren 55 Jahren ja noch gut taxifahren. Das Gesamte des Taxigewerbes klingt herrlich, Visitenkarten kann ich selber drucken. Am

Taxistand fühle ich mich wohl, gerade bei schönem Wetter. Die Gründung des Unternehmens heißt aber auch, mühsam bei der Bundesnetzagentur eine Taxitelefonnummer zu beantragen und natürlich sämtliche Versicherungen abzuschließen und das Ganze nicht halb so und halb so, sondern die Arbeitsschritte müssen stimmen. Gerade im Hinblick auf die Taxitarife, eine Erhöhung steht nächsten Monat bevor, soll sich der Taxiunternehmer an den Preis halten, d. h. er darf nicht weniger verlangen. Eine gute Freundin von mir im UNO hätte die Buchhaltung schon übernommen, und auch stehe ich für die Angelegenheiten gerne in der Früh auf, sage ich immer und sollte die Selbstständigkeit schief gehen, kann ich einen Betreuer für meine Geschäfte beauftragen, aber dann bin ich, oder wäre Sie, wenn Sie das tun, liebe Leser, wieder ganz unten.

Selbstverständlich darf nicht eine jeder angehender Unternehmer zu einem Neuanfang nein sagen, dann haben wir in Deutschland keine Wirtschaft, doch ist es leider so, dass unser heutiges Deutschland keine vernünftigen Grundlagen für die jungen Menschen und sämtliche Starter in die Selbstständigkeit hat.

In Neu-Ulm könnte ich im März die Krone empfangen - ich, ein Taxiunternehmer, der vorher noch unbefristet in der Frührente war, das wäre die Krönung. Jemand mit 41 Jahren, der den Taxischein, die Taxiunternehmerprüfung und die ärztlichen Voraussetzungen hat, obwohl er von den Amtsärzten des Staates für so psychisch krank eingestuft worden ist, dass er für den Staat sein Leben lang nicht mehr arbeiten braucht, ist ein Wunder. Die Ortskenntnisprüfung für Neu-Ulm mache ich in einem Monat, ich traue es mir zu und ich bin gelernter

Bankkaufmann. Auch ist es mit 13 Jahren Wartezeit auf eine zugeteilte Taxikonzession sehr prickelnd, endlich anfangen zu dürfen. Das Geld für ein neues Fahrzeug könnte ich auch auftreiben, ich habe eine nicht belastete Lebensversicherung. Im Gutachten für die Renten, die ich erhalte, wird behauptet, ich wäre nicht fähig, meine Finanzgeschäfte selbst zu führen, bzw. wäre ich nicht kreativ genug, um für meine Finanzen zu sorgen. Geistig und körperlich bin ich auf der Höhe, wenn ich mit einem Taxiunternehmen, bei dem man für die Kunden verantwortlich ist, im März 2019 anfangen sollte.

Spreche ich dann eine junge Frau an und gehe ich mit ihr aus, habe ich ganz andere Chancen, als wenn ich einer jungen Dame sagen würde, dass ich in der Frührente bin. Obwohl ich gesundheitlich nichts habe, ich erhalte ja die Taxikonzession, wenn ich sie von der Stadt Neu-Ulm möchte, bin ich mit 41 Jahren fit in der Rente. Eine Überprüfung von der Rentenversicherung, was meine Gesundheit betrifft, gibt es bei mir nicht mehr. Rente habe ich, einen Ansporn zum Arbeiten hat man mir genommen.

Fahrservice Schubert
Das Taxi-/Mietwagenunternehmen

Eine ereignisreiche Story über ein Taxiunternehmen vom Tag- und Nachtfahrservice für die verschiedensten Kunden mit deren Wünschen.

Der Leser wird erkennen, dass man schon ein Allround-Talent sein muss, um ein Taxiunternehmen zu leiten. Wie das Unternehmen in einer harten Zeit immerhin 2 Jahre über Wasser gehalten wurde und warum es dann doch geschlossen werden musste, obwohl alle Möglichkeiten ausgeschöpft wurden, das Unternehmen weiterzuführen.

Auf jeden Fall habe ich als Taxi-/Mietwagen-unternehmer viel erlebt.

Kapitel 1
Gründung und erste Kunden

Nachdem ich mit einem gekündigten Job bei einer Bank jetzt schon ein paar Jahre keinen Arbeitsplatz mehr bekam, der mir richtig gefiel, entschied ich mich, einen Fahrservice zu gründen. Ich war jung, belastbar und unternehmungslustig, also glaubte ich, ein Taxiunternehmen in der Kleinstadt, in der ich wohnte, sei das richtige. Man hat viel mit Leuten zu tun und außerdem kann man sportliche Autos fahren, genau das, was ich wollte, da ich sehr gerne Auto fahre.

In Memmingen, die Stadt, in der ich dieses Taxiunternehmen leitete, gab es sogenannte „Aktivsenioren" – Berater für Unternehmensgründer. Sie erarbeiteten mit mir einen Unternehmensplan für mein Taxiunternehmen Fahrservice Schubert, den ich für Banken usw. benötigte. Mit dem Unternehmensplan gings also zur Hausbank, und ein Kredit für mein erstes Auto für meinen Fahrservice Schubert wurde genehmigt. Nun benötigte ich noch eine Genehmigung oder Konzession von meiner Heimatstadt, um dort Fahrgäste von A nach B bringen zu dürfen. Um die Konzession zu bekommen brauchte ich eine bei der IHK absolvierte Taxiunternehmerprüfung sowie einen Nachweis, dass ich Geld für das erste Fahrzeug hätte. Fürs Lernen zur Taxiunternehmerprüfung ließ ich mir 2 Monate Zeit, den Lernstoff hierfür bestellte ich übers Internet. Die Prüfung bestand ich, da sie nicht sehr schwer für mich war.

Nun konnte ich mich um mein erstes Auto für mein Unternehmen kümmern. Ich recherchierte im Internet auf mobile.de und fand einige Anzeigen von meinem damaligen Lieblingsfahrzeug, einem Audi.

Bei einem Autohändler in München kaufte ich dann den preisgünstigsten Audi A6 Quattro Avant, gebraucht, den das Internet damals zu bieten hatte. Leider hatte er einen versteckten Mängel, denn nach einiger Zeit stellte sich heraus, dass an mehreren Stellen das Öl herauslief, dies bereitete mir schon zu Beginn meiner Unternehmertätigkeit ziemliche Schwierigkeiten. Ich erfuhr von einem Bekannten, dass ein komplett hergerichteter und damit mängelfreier Audi A6 Quattro Avant mit gleichem Baujahr das gleiche kosten würde wie meiner, den ich ein paar tausend Euro billiger bekam und den ich noch reparieren lassen müsste. Also machte ich mir keine weiteren Sorgen, nachdem ich das Auto gekauft hatte und von dem Schaden erfuhr.

Den neu gekauften, silbernen Audi A6 ließ ich auf den Seitentüren und auf der Heckscheibe schön mit „Fahrservice Schubert" „0800/3008800" bekleben. Hinten am Fahrzeug ließ ich noch „preiswert und zuverlässig" anbringen. Die angeklebten Schriftzüge leuchteten sogar Nachts, wenn Licht drauf schien. Ach ja mein Firmenlogo, ein Auto mit einer untergehenden Sonne ließ ich auch noch an meinem Taxi anbringen. Hier muss ich noch erwähnen, dass es sich bei meinem Taxi zwar um ein Taxi handelte, ich durfte die Dienstleistung erbringen Leute von A nach B zu fahren, aber ich durfte bei meinem Fahrzeug kein Taxischild aufs Dach schrauben, da ich nur eine Konzession für einen „Mietwagen" von der Stadt genehmigt bekam, „Mietwagen" durften in unbegrenzter Anzahl bei der Stadt beantragt werden, nur Taxis nicht mehr, es hieß, 18 Taxis sind ausreichend. Ich wurde in der Warteliste für

Taxikonzessionen an 1. Stelle eingetragen. Meine Kunden und ich sagten aber trotzdem auch Taxi zu meinem Fahrservice, das es ja eigentlich fast das gleiche war.

2 Unterschiede gravierende Unterschiede gibt es aber schon, zum einen mussten beim Taxi 1,40 Euro pro km verlangt werden, während ich bei meinem Mietwagen die Fahrpreise frei gestalten durfte. Zum anderen durfte ich ohne Taxischild nicht an den mit „Taxi" gekennzeichneten Flächen, wie z. B. am Bahnhof halten und Fahrgäste mitnehmen. Die Bezeichnung Mietwagen wird oft missverstanden. Beim Taxigeschäft bedeutet das, der Kunde mietet sich einen Wagen mit Fahrer für eine Fahrt. Ein sehr veralteter Begriff.

Nun hatte ich also ein schönes Taxi vor der Tür, mit dem ich auch Leute transportieren durfte, aber noch keine Fahrgäste, die mich anriefen. Eine Werbeanzeige bei einer Zeitung in Memmingen hatte Schlagkraft, gerade bei den Wochenendkunden nachts.

Ich bringe Sie zuverlässig ans Ziel

Pünktlich und günstig mit dem »Fahrservice Schubert«
Sie möchten gerne rechtzeitig Ihren Flieger erreichen? Sie wissen nicht, wie Sie ins Krankenhaus kommen? Sie müssen spontan von A nach B? Dann sind Sie bei mir an der richtigen Adresse. Zum Jahresanfang habe ich mich - nachdem ich sowohl die Taxischeine für Mindelheim und Memmingen inne habe und über sehr gute Ortskenntnisse im gesam-

ten Unterallgäu verfüge - mit dem »Fahrservice Schubert« selbständig gemacht und biete kundenfreundliche und außergewöhnliche Konditionen. Ich stehe Ihnen rund um die Uhr für Fahrten aller Art, vom Flughafentransfer über Kranken- bis zu Kurierfahrten zur Verfügung und chauffiere Sie in einem geräumigen Audi A6 exklusiv, pünktlich, freundlich und zuverlässig ans Ziel. Ein weiterer Vorteil des »Fahrservice Schubert« sind die

Fahrpreise, die deutlich unter den üblichen Taxitarifen liegen. Bei längeren Fahrten bitte ich lediglich um eine rechtzeitige Vorbestellung. Seit der Eröffnung meines Fahrdienstes haben schon viele Kunden diese günstige und verlässliche Fahrgelegenheit schätzen gelernt. Rufen Sie mich an: Bernd Schubert in Memmingen, gebührenfreies Telefon 0800/3008800, e-mail fahrservice-schubert@web.de. Text/Fotos: Lange

Auch eine aussagefähige Visitenkarte des neuen Taxiunternehmens durfte nicht fehlen:
Jeder Fahrgast, der mit mir fuhr bekam eine solche Karte in die Hand gedrückt.

Am Wochenende, wie schon erwähnt, hatte ich schon zu Beginn meines Unternehmens jetzt nette, feste Kunden, vor allem junge Leute, die immer wieder anriefen. Ich kam mit meinem Audi A6, der sehr gut bei den jungen Fahrgästen an, die 4 Ringe hieß es - da fahren wir gerne mit, gleich weit im ganzen Unterallgäu herum. Ich fuhr Diskotheken an ,die 120 km entfernt waren und zuverlässige Kunden holte ich auch wieder ab. Ich konnte mich darauf verlassen, dass sie dann noch da waren, gerade bei großen Entfernungen war das wichtig.

Es gab nichts schöneres für mich, als das Wochenende abzuwarten und so gegen 21.00 Uhr die ersten Anrufe entgegenzunehmen und meine Stammgäste, die immer nett und freundlich waren, zu fahren. Manchmal waren sie auch betrunken, aber das machte mir nichts aus. In Kneipen, Diskotheken, Clubs, in Memmingen und in den umliegenden Dörfern, es gab so einiges, wo man am Wochenende gut weggehen konnte. Als sich mein Fahrservice richtig eingespielt hatte, folgte am Wochenende, und eben fast nur am Wochenende ein Anruf auf den nächsten. Wo wir auch schon beim Problem waren, ich hatte unter der Woche, also Montag bis Donnerstag nichts zu tun.

Ein Werbeschreiben an verschiedene, größere Memminger Speditionen und Unternehmen brachte mich weiter. In diesem Schreiben betonte ich meine günstigen Fahrpreise bei Unternehmen und pries mein geräumiges, komfortables Fahrzeug an, mit dem ihre Mitarbeiter und Kunden transportiert werden konnten. Eine Spedition wurde darauf aufmerksam und gab mir immerhin so vier bis fünf mal im Monat eine Fahrt zum Münchner Flughafen, was mich sehr freute. Bei 140 km Fahrstrecke einfach war da doch einiges verdient.

So weit, so gut, ich hatte also am Wochenende zu tun und auch unter der Woche rief hin und wieder jemand an. Hinzu kam, dass ich unter der Woche für eine große Krankenkasse zwischen Ärzten und Krankenhäusern zu behandelnde Patienten hin und her fahren durfte, was ich später noch näher beschreibe.

Auch weil die Arzt- und Krankenhaustermine der zu fahrenden Patienten oft zur gleichen Zeit waren und bei meinem Audi A6 jetzt immer wieder einmal Reparaturtermine anfielen, wegen der undichten Stellen, dort wo das Öl heraustropfte, brauchte ich nun dringend ein zweites Taxi.

Kapitel 2
Zweites Taxi, der BMW 530 Turing

Im punkto Luxus hielt ich mich wenig zurück und schuf bei einem Händler, etwa 2 Städte entfernt, einen BMW 530 Turing mit 200 PS, sowie Lederausstattung und Klimaanlage, an.
Beim ersten Wagen waren die undichten Stellen, wo Öl herauslief, für 4000,- Euro gerichtet, dann kam jetzt der Kauf des zweiten Taxis hinzu, da musste das Geschäft nun in Zukunft gut laufen, dachte ich mir.
Für das zweite Taxi brauchte ich jetzt einen Aushilfsfahrer. Mein Steuerberater riet mir zwar, beim Arbeitsamt nicht nachzufragen, was ich aber dann doch tat. Das Lustige, am Telefon beim Arbeitsamt meldete sich ein alter Bekannter, den ich schon Jahre nicht mehr

getroffen hatte, er muss eine Stelle beim Arbeitsamt bekommen haben. Ich hatte eine Zeitungsanzeige geschalten und zwar ein Aushilfsfahrergesuch und es meldete sich ein Arbeitsloser. Ich fragte nun meinen Bekannten beim Arbeitsamt, ob er über den Arbeitslosen etwas wüsste, also ob er in der Vergangenheit ein zuverlässiger Arbeiter gewesen sei. Er lachte und sagte mir, der hat bei uns angegeben, er will einen Plattenladen aufmachen. Ziemlich irrsinnig in der heutigen Zeit sagten wir uns. Ich bedankte mich bei dem alten Bekannten und wünschte ihm noch eine gute Zeit. Meine Menschenkenntnis verriet mir aber, dass ich diesen Arbeitslosen doch ab und an, zu festen Terminen, fahren lassen könnte. Auf den neuen Aushilfsfahrer war am Anfang immer Verlass, so dass ich zufrieden war. Später musste ich ihn leider wegen nicht Erscheinen am Arbeitsplatz entlassen.

Nachdem ich nun ein zweites sportliches Taxi hatte, wechselte ich jetzt auch mal das Fahrzeug. Der BMW lief nämlich auch sehr zügig.

Ich schaltete ein weiteres Aushilfsfahrergesuch in einer Zeitung und fand dadurch einen neuen Aushilfsfahrer für mein zweites Auto. Er fuhr mir Kunden von Krankenkassen, die von zu Hause in eine Klinik oder zu einem Arzt regelmäßig gefahren werden mussten. Bei diesen regelmäßigen Fahrten handelte es sich um Dialyse- oder Bestrahlungsfahrten. Diese Fahrten brachten meinem Unternehmen beträchtliche monatliche Gewinne ein. Da die Unterhaltskosten für meine Taxis und auch ab und zu Reparaturen hinzu kamen, deckten diese Gewinne aber gerade einmal meine laufenden Kosten.

Durch einen Stammfahrgast, den ich am Wochenende immer wieder chauffierte, erfuhr ich, dass sein Freund gern bei meinem Fahrservice am Wochenende nachts fahren würde. Er stellte sich bei mir vor und ich stellte ihn gleich ein, weil er einen sympathischen Eindruck auf mich machte. So hatte ich einen Nachtfahrer.

Am Wochenende nun nachts die Diskotheken mit meinem neuen Nachtfahrer abzufahren machte schon sehr viel Spaß. Wir verständigten uns übers Handy, wer sich gerade wo befand und wer was fahren möchte. Wenn wir dann nachts auch mal aneinander vorbeifuhren und ich spürte, mein Fahrer hatte seine Sache im Griff, dazu die vielen Nachtfahrten, gab mir das einen besonderen Kick. Man gewöhnt sich mit der Zeit auch einen sportlichen Fahrstiel an, gerade wenn nur noch eine Fahrt auf die andere folgt. Es sollten ja auch Zeiten eingehalten werden. Wir waren so fleißig, dass wir jeden Fahrgast zufrieden stellten. Sie sagten uns, euch ruft man an und ihr seid sofort da. Auf euch ist Verlass. Wir rufen euch immer an. Ab jetzt nur noch Fahrservice Schubert. Vergiss die anderen Taxis. Wo anders haben wir immer eine Stunde gewartet. Sie schmissen sogar die Visitenkarten der anderen Taxiunternehmen weg und löschten die Nummern aus ihren Handys. Ich muss sagen, dass ich in den komfortablen Taxis auch immer beste Musik laufen hatte, wofür mich meine Fahrgäste auch stets lobten. Ich wusste, welche Radiosender gut bei meinen Kunden ankamen und auch meine Musik-CD´s waren der Hit.

Meine Kunden fragten mich, wo noch was los sei, ich wusste es und brachte sie hin. Gib uns Karten mit, wir verteilen sie für Dich, hieß es. Sie lobten mich weil ich immer zuverlässig war. Ich war natürlich auch bei einigen bekannt dafür, dass ich so gewisse Ausnahmen machte, was die Anzahl der Fahrgäste betraf. Ich ließ mich auch manchmal dazu überreden. Es war schwierig, nein zu sagen, wenn gerade alle Fahrgäste gut gelaunt waren und sie fragten, ob ein oder zwei Leute mehr einsteigen dürfen. Also gut, sagte ich dann, steigt in den Kofferraum. Der war ja sehr geräumig. Einmal, als es ausartete, legte sich sogar einer quer über seine Kumpels. Der Kofferraum war dann auch noch mit zwei Leuten voll, so dass ich aber zum Dank, als sie alle vor einer Diskothek ausstiegen, sie mir eine La-Ola-Welle machten. Meine gute Laune erreichte ihren Höhepunkt. Ich wusste aber, dass ich das eigentlich nicht machen durfte. Zu meinen Taxi-Fahrgästen zählten natürlich auch hübsche junge Damen, die sich von Bars angetrunken nach Hause fahren ließen. Es war leicht, mit einer Frau ins Gespräch zu kommen, was einem außerhalb des Taxiunternehmens oft nicht so leicht fiel. Mir zumindest. Ich machte schon die tollsten Dinge mit, mit diesen angetrunkenen Damen. Sie luden einen in ihre Wohnung zu einem Kaffe ein, was Mitten in der Nacht sehr gut tat. Oder sie fragten, was machst du jetzt noch, möchtest du in meine Wohnung mit kommen. Manchmal baten sie mich auch, mit rein in die Bar zu kommen, sie gaben mir dann ein Getränk aus und sie versprachen mir noch eine weitere Fahrt. Die Nacht war gerettet. Was viele meiner Freunde heute nicht verstehen, ist, dass ich damals mit diesen Damen nicht mehr unternommen habe. Ich wollte einfach nicht die Nacht mit einer angetrunken Frau vergeuden, wenn ich doch so viele Fahraufträge hatte. Ich hatte einfach einen starken Geschäftssinn.

Das Wochenende war vorüber und nach einigen kuriosen Fahrten am Wochenende kam jetzt wieder der Alltag unter der Woche. Ich muss wirklich sagen, dass ich sehr gerne nachts arbeitete.

Kapitel 3
Versteigerung von Taxifahrten und Erweiterung des Unternehmens

Eine bekannte, große Krankenkasse in Memmingen versteigerte schon seit einiger Zeit ihre Krankenfahrten übers Internet, bei der der günstigste Taxiunternehmer Fahrten bekommt. Ich machte schon einmal bei der Versteigerung mit und bekam aufgrund meines billigen Fahrpreises die Fahrten, die ich mir vorgestellt hatte. Orte, die bis zu 40 km von Memmingen entfernt waren, mussten nun 2 mal am Tag und das 3 mal die Woche angefahren werden. Von den weiten Fahrten bekam ich zu Anfang 3 Stück. Das ganze war einem dann ein halbes Jahr sicher, dann erfolgte wieder eine Versteigerung. Weil ich so günstig war, machte eine Krankenkasse sogar Werbung für mein Unternehmen und gab meine Visitenkarten an ihre Kunden weiter. So erhielt ich auch Fahrten, die täglich stattfanden, und das auch wieder zu Orten, die 40 oder sogar 60 km entfernt waren.
Ich machte einen schwerwiegenden Fehler, der meinem Unternehmen wahrscheinlich schon früh das Kreuz brach, ich kaufte ein drittes Taxi. Bei dem neuen Taxi, ein Renault Laguna Kombi mit 170 PS und Vollausstattung, war in der Autowerkstatt zuerst zwar nur der Zahnriemen zu erneuern, aber auch solche Kosten summieren sich, auch beachtete ich nicht, dass die Versicherung für das dritte Fahrzeug etwas höher ausfiel, da ich für dieses Fahrzeug keinen Rabatt mehr bekam. Ich war damals sicher, ich schaffte das. Als dritten Fahrer hatte ich meine Freundin.

Streitigkeiten blieben nicht aus, wenn es um Taxifahrten ging. So hat einmal ein anderer Taxiunternehmer meinen Fahrgast, eine ältere Frau, vor dem Krankenhaus, dort wo mit dem Taxi auf die Kunden gewartet wird, angesprochen. Er fragte sie, wie sie auf den Fahrservice Schubert aufmerksam wurde. Hat Sie die Krankenkasse für den Fahrservice geworben, fragte er sie weiter. Er meinte er hätte so vielen Angestellten deren Sozialversicherungsbeiträge zu bezahlen und dann gibt die Krankenkasse einfach anderen Unternehmen Fahrten, die eigentlich ihm zuständen. Mein Fahrgast erzählte es mir bei der Rückfahrt und ich war empört darüber. Manche Unternehmer bekommen einfach nicht genug, dachte ich mir. Mein Fahrgast war der gleichen Meinung.

Es war wieder Wochenende und ich bekam mittlerweile schon Spitznamen, wie Schubi oder Fahr-Schubert. Ah, hieß es, der freundliche Taxifahrer ist wieder da. Ich unterhielt mich einfach ein wenig mit meinen Fahrgästen und sie sagten, der ist total nett oder endlich mal ein netter Taxifahrer, die anderen reden kein Wort im Taxi. Ich war recht beliebt bei meinen Kunden. Irgendwann bürgerte es sich dann ein, dass wir jeden mitnahmen, der gerade an der Straße stand und ein Taxi brauchte oder schnell noch anrief. Die Fahrt war noch gar nicht beendet und schon war der nächste im Taxi. Wir nahmen jeden mit, bis das Taxi voll war (deswegen schaffte ich später auch ein Großraumtaxi an). Die Fahrgäste nahmen kleine Umwege in Kauf und so konnten noch mehr Leute gefahren werden. Das kam so gut an, dass es mir andere Taxiunternehmer nachmachten. Die nannten sich dann Anruf-Sammeltaxi.

Zwei junge Damen, die ich von einer Bar nach Hause fahren sollte, waren mal wieder sehr angetrunken, die eine lallte nur noch vor sich hin, was mich allerdings noch nicht so störte, ich war das schon gewohnt. Schwierig wurde es nur, als wir am Ziel ankamen und die eine nicht aussteigen konnte. Meine Beifahrerin und ich versuchten ihr herauszuhelfen, sie war aber so betrunken, dass sie sich zwischen Vordersitz und Fußraum festklemmte. Wir zerrten sie aus dem Auto. Sie konnte nicht einmal mehr stehen und lag nun auf dem Boden. Ich fragte die andere junge Dame, was sie denn gemacht hätten. Sie sagte zu mir, wir hatten ein Geschäftstreffen, wo sich ein paar Angestellte im Eiskeller, eine angesagte Bar in Memmingen, trafen, um ein wenig zu feiern. Sie hat ziemlich viel getrunken, meinte sie. Die andere junge Dame lag am Boden neben dem Taxi und bewegte sich nicht mehr. Wir sprachen sie an, aber sie blieb regungslos liegen. Mir blieb nichts anderes übrig, als den Notarzt zu rufen. Der kam dann nach einer Viertelstunde. Ich half dem Notarzt noch, die vollgekotzte Jacke des Mädchens auszuziehen. Der Arzt bedankte sich, legte die Frau auf eine Bare und lud sie ein. Dann fuhr er mit Blaulicht davon. Die andere war immer noch schockiert und sagte, sie gehe erst mal ins Krankenhaus zu ihrer Freundin.

Aber solche Vorfälle sind eher selten. Genauso selten ist es z. B., dass ein Taxifahrgast nicht zahlen will. Deswegen die Polizei zu rufen, ist nicht sinnvoll. Bis die Polizei eintrifft, ist der nicht zahlende Fahrgast längst über alle Berge. Außerdem kann ich in der Zeit eine andere Fahrt machen, also lass ich ihn gehen.

Man muss als Taxiunternehmer ein Allround-Talent sein. Es darf einem nichts ausmachen, seine Taxis immer wieder zu waschen und zu reinigen. Andererseits korrespondiert man mit Unternehmen und Krankenkassen über Dinge wie Verträge, Fahraufträge, Preise. Oft während einer Fahrt muss man telefonisch bestätigen, ob eine Fahrt in Ordnung geht. Betrunkene dürfen einem Taxiunternehmer nichts ausmachen. Nichts darf einem bei dieser Tätigkeit zu viel sein. Es kam vor, dass eine Spedition ein Taxi für eine Flughafenfahrt nach München bestellte, und als ich nach Memmingen zurück kam, rief das Unternehmen noch mal an und ich musste einen Kunden der Firma gleich im Anschluss an meine letzte Fahrt wieder nach München fahren. Es kam auch vor, dass ich die ganze Nacht von 21.00 Uhr abends bis 7.00 Uhr in der Früh Taxi gefahren bin und dann noch um 7.00 Uhr morgens ein Hotel anrief und für ihren Kunden ein Taxi zum Flughafen nach Stuttgart benötigte. Da muss man halt dann noch los.

Kapitel 4
Die ersten Monate erfolgreich geschafft

Eine kleine Auszeit brauchte ich nach einem halben Jahr Unternehmertätigkeit, die ich hinter mich gebracht hatte und dem Stress, den ich dabei hatte. Mein Vater übernahm die Vertretung für mich. Ich fuhr mit meiner

Freundin nach Mannheim, dort besaß der Vater von ihr noch ein Haus, in dem wir übernachten konnten. Um einfach mal abschalten zu können und um an etwas anderes zu denken, besuchten wir den Freizeitpark in Hassloch. Wir fuhren mit der Achterbahn Expedition Geforce. Das Besondere an dieser Achterbahn ist der um die Herzlinie gedrehte, sehr steile First Drop (erste Abfahrt), bei dem auf den hinteren Sitzplätzen der Züge Airtime zu spüren ist. Airtime ist ein englischsprachiger Begriff für Schwerelosigkeit beziehungsweise des Abhebens aus dem Sitz. Auf der 1,3 km langen Strecke beschleunigt die Bahn auf bis zu
120 km/h, wobei Beschleunigungen von bis zu 4,5 g (4,5-fache Erdbeschleunigung) und sieben Airtimes auf den Körper des Mitfahrers wirken. Die höchste Erhebung beträgt 62 Meter. Die Achterbahn ist eine der größten in Europa. Außerdem probierten wir auch den Free Fall Tower (Freifallturm) aus. Er besteht primär aus einem Turm, an dem eine Kabine mit Passagieren hochgezogen wird. Oben angelangt, lässt man die Kabine in den freien Fall übergehen, bis sie am Fuß des Turms an einer Bremsvorrichtung gefangen wird. Allein schon wegen dieser zwei Attraktionen sollte man den Freizeitpark in Hassloch einmal besuchen. Er ist eine Reise wert. Am nächsten Tag schauten wir uns noch die Stadt Mannheim genauer an.
Nach dem beendeten kleinen Urlaub zuhause angekommen, interviewte ich gleich meinen Vater, wie es denn mit dem Geschäft gelaufen sei. Er meinte, er könnte das nicht noch einmal machen, da ihm die angeheiterten Fahrgäste am Wochenende zu viel Nerven kosteten.

Was mich ziemlich mitnahm, waren die gelegentlichen Reparaturen der Fahrzeuge. Bei acht Jahre alten Fahrzeugen, sie wurden ja gebraucht gekauft, kam es öfter mal zu Instandsetzungen. BMW, Audi aber auch Renault sind teure Markenfahrzeuge, bei denen man auch bei einer Instandsetzung für die Marke mit zahlte. Für mich kam aber immer nur eine Reparatur in einer Fachwerkstatt in Frage, zumal ich auch dazu gezwungen war - die neueren Autos sind so gebaut, dass ein Hobbymechaniker nicht mehr an die entsprechenden Teile herankommt. Eine Reparatur in einer Fachwerkstatt läuft folgendermaßen ab: Das Fahrzeug wird oberflächlich angeschaut, daraufhin sagt einem der Verkaufsmitarbeiter keinen Preis für die Instandsetzung, was ja im Grunde das wichtigste ist. Bei der Frage nach den Instandsetzungskosten bekommt man meistens die Antwort, dass sie das nicht genau wüssten. Vielleicht käme noch das eine oder andere hinzu, was einem noch mehr Angst macht.

Bei diesen Fachwerkstätten wurde ich aber ansonsten behandelt wie ein König. Es wird einem bei einer Wartezeit gleich ein Kaffe gebracht, diesen kann man dann in angenehmer Atmosphäre genießen – sofern man noch zu genießen hat, bei den hohen Reparaturkosten. Sollte das Fahrzeug in der Werkstatt bleiben müssen, wird man kostenlos nachhause gefahren und am nächsten Tag wieder abgeholt. Außerdem ist das gesamte Personal sehr freundlich.

Kapitel 5
Das Großraumtaxi und „die politische Schiene"

Ein Vertriebsmitarbeiter von Audi sagte mir beim letzten Fahrzeugcheck, dass nach der letzten Ölabdichtung, die ganze Abdichtung kostete mich mehr als 4.000,- Euro, nun noch mindestens 1.000,- Euro wegen eines Defekts am Motor auf mich zu kämen. Diese Aussage hat mir den Rest gegeben und ich entschied mich, den Audi A6 zu verkaufen. Nachdem mich schon oft meine Fahrgäste angesprochen hatten, warum ich kein Großraumtaxi hatte, beschloss ich, das Taxiunternehmen um ein Großraumtaxi zu erweitern. Zusätzlich kam mir in den Sinn, dass es sich diesmal um ein Neufahrzeug handeln musste, da mir die laufenden Reparaturen in der Vergangenheit große Sorgen bereiteten.
Bekanntlicherweise gibt es von der Automarke Kia günstige Fahrzeuge, also entschied ich mich für einen Kia. Mit diesem Kia konnte ich nun 6 Personen befördern, ohne dass jemand im Kofferraum einsteigen musste, was ja sowieso nicht erlaubt war. Meine Fahrgäste lobten wieder das neue Auto. Klar, die Lederausstattung imponierte vielen und die herrlich beleuchtete CD-Radio-Sound-Anlage fiel sofort auf. Für die Fahrgäste in der dritten Reihe waren sogar Kippfenster angebracht. „Deluxe" sagten meine Kunden dazu. Das Fahrzeug war so komfortabel ausgestattet, dass man sich vorkam wie in einem Flugzeug. Es fehlte nur noch der von der Decke herunter klappbare Monitor für den DVD-Player, was ich aber für übertrieben hielt und deswegen nicht dazukaufte.
Leider konnte ich mit der Anzahl meiner Aufträge noch nicht zufrieden sein, so dass ich meinen

Ausbildungsprüfer anrief. Er meinte, ich solle alle Steuerberater in Memmingen wegen Aufträgen fragen, bzw. bei ihnen Werbung machen. Das brachte so gut wie gar nichts ein. Aber da ich mit meinem jetzigen Steuerberater sowieso nicht ganz zufrieden war, wechselte ich zu einem anderen Steuerberater für mein Unternehmen. Dieser hatte zwar seinen Sitz in einer anderen Stadt, aber ich hörte davon, dass er sehr zuverlässig sei. Woher ich mehr Fahraufträge bekommen könnte, wusste dieser aber leider auch nicht.

Na ja, zum Jahreswechsel 2006/2007 lief es dann doch nicht so ganz schlecht. Ich konnte im Januar einen Umsatz von 11.000,- € verzeichnen. Der Kauf von Winterreifen und ab und zu anfallende Instandsetzungen der Taxis verbrauchten aber den Gewinn vom Januar recht schnell.

Im Winter sind mehr Leute krank hieß es, wodurch ich sehr viele Fahrten, die täglich stattfanden, von der Krankenkasse aber auch durch eigene Werbung bekam. Die Dauer der Fahrten betrug oft eineinhalb Monate lang pro Kunde. Die Fahrt ging jeweils in einen Ort, der ca. 60 km entfernt war.

Sorgen machte mir nur, dass meine Heimatstadt im neuen Jahr für das Krankenhaus ein eigenes Bestrahlungsgerät für eine Million Euro gekauft hatte, weswegen die regelmäßigen weiten Fahrten dann wegfielen. Jetzt hatte ich 3 Taxis vor der Tür stehen, und unter der Woche kaum noch Arbeit. Ich schaltete wiederum eine große Werbeanzeige in der örtlichen Zeitung, das war aber diesmal nicht sehr hilfreich. Auch mein Einfall, mehr Visitenkarten zu verteilen war ein Tropfen auf den heißen Stein. Versteigerungsfahrten von Krankenkassen bekam ich auch nicht mehr ausreichend, um existieren zu können.

Ich wusste, dass es abwärts ging und ich war völlig ratlos. Da fiel mir ein, den Bürgermeister zu fragen, ob er für mich eine Taxikonzession, die meine Fahrservice-Konzession ersetzen würde, erteilen könnte. Es erschien mir noch zu früh dies zu tun, zumal er auch einen Grund brauchte, weshalb er mir eine Taxikonzession erteilen sollte. Politiker wissen doch am ehesten, was bei einem Not leidenden Unternehmen zu tun ist, dachte ich mir. Und warum nicht einmal gleich ganz oben nachfragen, also bei der Kanzlerin. Es handelte sich ja um ein Unternehmen, bei dem Leuten geholfen wird, indem sie von A nach B gebracht werden. Sei es eine Flughafenfahrt für ein anderes Unternehmen, eine Krankenfahrt oder auch ein Angetrunkener, der dadurch seinen Führerschein nicht verliert. So ein Unternehmen müsste doch Anerkennung finden, dachte ich mir, und ich verfasste den nachfolgenden Brief an Angela Merkel.

Sehr geehrte Frau Dr. Merkel,

ich weiß, Sie sind eine vielbeschäftigte Frau, trotzdem möchte ich Sie bitten, sich meines hier kurz geschilderten Problems anzunehmen.

Nachdem ich als gelernter Industrie- und Bankkaufmann wegen Personalabbaus im Jahre 2002 keinen Arbeitsplatz mehr bekam, bin ich bis zum Jahre 2006 überwiegend arbeitslos gewesen. Ich entschloss mich dann Anfang 2006, als Taxi-/Mietwagenunternehmer selbstständig zu machen, da es vollkommen aussichtslos war, als Kaufmann noch einen Arbeitsplatz zu bekommen.

Seit über einem Jahr betreibe ich nun einen Fahrservice in Memmingen. Ich darf hier Personen von A nach B fahren, genauso wie ein Taxiunternehmen.
Von meinem Unternehmen, das vom Gewerbeamt auch als "Mietwagenunternehmen" bezeichnet wird, obwohl es mit Mietwagen nichts zu tun hat, können Sie sich unter www.fahrservice-schubert.de im Internet ein Bild machen.

Als geprüfter Taxi-/Mietwagenunternehmer eröffnete ich also ein Mietwagenunternehmen, da Taxikonzessionen von der Stadt nicht vergeben wurden. Mit günstigen Preisen bei den Krankenkassen erledigten meine Fahrer und ich zuverlässig Patientenfahrten, die den größten Anteil an meinem Unternehmen ausmachen.

Für mein Unternehmen habe ich im Laufe des Jahres 2006 drei Fahrzeuge angeschafft, die in Raten bei der Bank abbezahlt werden. Diese Fahrzeuge sind nötig, da die Behandlung der zu fahrenden Dialysepatienten zur gleichen Zeit beginnt und endet.

Fahrten für Krebspatienten zur Bestrahlung, die für mich weitere Fahrstrecken bedeuteten, fielen ab Anfang dieses Jahres weg, da das Krankenhaus unserer Stadt jetzt eine eigene Bestrahlungseinrichtung bekommen hat.

In ein paar Monaten wird der Regionalflughafen in Memmingen fertig gestellt sein. Hier sind Fahraufträge zu erwarten. Schon seit mehreren Monaten korrespondiere ich mit der Geschäftsleitung des Allgäu-Airports.

Ich habe meinen zuverlässigen Fahrservice angeboten mit ausführlicher Beschreibung meiner drei geräumigen Fahrzeuge. Ich wurde vollkommen übergangen, das größte Taxiunternehmen in Memmingen hat seit einiger Zeit eine Autowerbung vom Allgäu-Airport bekommen und einen Werbehinweis auf der Allgäu-Airport-Internetseite. Mich hat der Allgäu-Airport auf meine schriftlichen und telefonischen Anfragen immer nur hingehalten und auf meine letzte Anfrage habe ich überhaupt keine Antwort mehr bekommen. Der Allgäu-Airport hat schon seit Ende letzten Jahres Fahraufträge zu vergeben, aber diese Aufträge werden grundsätzlich nur diesem einen Taxiunternehmen zugeteilt.

Das gleiche gilt für das Klinikum Memmingen. Meine letzten Fahraufträge bekam ich im Dezember letzten Jahres. Obwohl dort laufend Verlegungsfahrten anfallen, werden immer nur die gleichen Taxiunternehmen angerufen.

Die AOK hat im letzten Jahr dadurch, dass sie Fahraufträge, bei denen sie vorher die sonst üblichen Preise gedrückt hatte, an mich vergeben, und somit rund 10.000,00 Euro eingespart. Mir fehlt dieses Geld. Es wurden beispielsweise bei Bestrahlungsfahrten von Krebspatienten, bei der der Patient nach Behandlung gleich wieder nach Hause gebracht wurde, nur die

Hinfahrt bezahlt - alle anderen Krankenkassen vergüteten Hin- und Rückfahrt.

Schon des öfteren musste ich von Angestellten bei Krankenkassen hören, dass unsere Taxiunternehmer bei den Krankenkassen "gewisse Geschenke" machen, um Aufträge zu bekommen.
Wie soll ein Jungunternehmer wie ich bestehen können, wenn unsere Taxiunternehmer mit solchen "Bestechungsmethoden" arbeiten dürfen?

Autowerkstätten, Tankstellen, Banken usw. verdienen ebenfalls sehr gut an meinem Unternehmen, was ich jetzt nicht weiter ausführen möchte.

Taxiunternehmen zahlen ans Finanzamt 7 % ihrer Taxieinnahmen. Das Finanzamt bekommt ganze 19 % der Fahreinnahmen meines Mietwagenunternehmens, obwohl hier die gleiche Arbeit verrichtet wird, wie von Taxiunternehmen. Wo ist da die Gerechtigkeit?

Wie soll ich unter solchen Umständen und mit derartigen Hindernissen ein Taxi-/Mietwagenunternehmen über Wasser halten?

Können Sie mir dazu eine unterstützende Antwort geben, Frau Merkel?

Meinen herzlichsten Dank, dass Sie sich für meinen Brief Zeit genommen haben.

Mit freundlichen Grüßen
Bernd Schubert

Sehr geehrter Herr Schubert,

vielen Dank für Ihr Schreiben an Frau Bundeskanzlerin Dr. Merkel vom 18. März 2007. Bitte haben Sie Verständnis dafür, dass es der Bundeskanzlerin angesichts der Vielzahl eingehender Schreiben leider nicht möglich ist, Ihnen persönlich zu schreiben. Ich bin gebeten worden, Ihnen zu antworten.

Wenn ich auch Ihre Sorgen nachvollziehen kann, so muss ich Sie dennoch um Verständnis dafür bitten, dass der Bund in dieser Angelegenheit nicht eingreifen kann. Die Vergabe von Aufträgen zwischen privaten Unternehmen bestimmt sich nach den Regeln des Zivilrechts. Sofern es sich bei dem angesprochenen Allgäu-Airport bzw. dem Klinikum Memmingen um öffentliche Auftraggeber handelt, bestimmt sich die Vergabe von Aufträgen nach dem Vergaberecht des Landes bzw. der Kommune, da beide Einrichtungen keine Bundesbehörden sind. Die Bundesebene kann hierauf keinen Einfluss nehmen.

Deshalb kann ich Ihnen nur anheim stellen, sich mit den zuständigen Landes- und Kommunalbehörden in Verbindung zu setzen und vor Ort alle Möglichkeiten auszuschöpfen, um Ihre Belange zu vertreten.

Manchmal ist es sehr schwierig, bei einem sich ändernden Markt Alleinstellungsmerkmale zu entwickeln und Kundenbeziehungen aktiv zu gestalten, um sich von den Wettbewerbern zu differenzieren. Erlauben Sie mir deshalb, Sie auf die Beratungsförderung des Bundesamtes für Wirtschaft und Ausfuhrkontrolle (BAFA) aufmerksam zu machen. Existenzgründer und junge Unternehmer können z. B. zur Anpassung ihres Marketingkonzeptes durch einen professionellen Unternehmensberater Zuschüsse zu den vom Unternehmensberater in Rechnung gestellten Beratungskosten erhalten.

Nähere Informationen zur Beratungsförderung sowie zu anderen ggf. für Sie in Frage kommenden Förderprogrammen erhalten Sie bei der Finanzierungshotline des Bundesministeriums für Wirtschaft und Technologie, die Sie montags bis freitags von 9.00 Uhr bis 16.00 Uhr unter der Rufnummer 030/18615-8000 erreichen können.

Ich würde mich freuen, wenn es gelingt, eine befriedigende Lösung für Ihren Fall zu finden.

Mit freundlichen Grüßen
Bundeskanzleramt

Ich konnte zufrieden sein, ich bekam sogar eine Antwort. Zufrieden war ich aber nicht so richtig. Was sollte ich mit einer Hotline für Beratungsförderung, wenn ich Aufträge brauchte. Ich machte mir mit dieser Telefonnummer nicht allzu viel Hoffnungen, deswegen rief ich diese auch nie an.

Nachdem mich im Augenblick das Unternehmen nur stresste und ich von den nächtlichen Wochenendfahrten auch recht fertig war, brauchte ich mal wieder eine kleine

Auszeit. Ich rief eine alte Freundin von mir an, mit der ich schon früher hin und wieder ausgegangen bin und mit der ich Spaß hatte. Sie freute sich, nach langer Zeit mal wieder von mir zu hören und kam am gleichen Abend noch vorbei. Ich holte sie am Bahnhof ab und wir liefen Richtung Stadtmitte, wo es einige Bars und Kneipen gab. Das war leider nicht so der Renner, so dass wir uns entschieden, in eine Diskothek in einer entfernteren Gegend zu gehen. Wir brauchten ein Taxi. Überall wo ich anrief, hieß es „zur Zeit nicht erreichbar" oder eine Stunde Wartezeit. Wir liefen zum Taxihalteplatz beim Bahnhof und hatten nach einer halben Stunde Glück, es kam ein Taxi. Wir hatten dann noch einen ganz netten Abend in der Diskothek, wir tanzten und unterhielten uns prächtig.

Am nächsten Tag fiel mir ein, wenn die Stadt am Wochenende nicht genug Taxis zur Verfügung hat, wie ich es ja selbst spüren musste, wäre das ein Grund, einmal auf den Bürgermeister meiner Stadt zuzugehen. Ich wollte aber nicht gleich den Oberbürgermeister treffen, so entschied ich mich für den 2. Bürgermeister, der war auch bei der CSU, was mir lieber war, weil ich CSU-Wähler war.
Ich schrieb ihn übers Internet an, beschrieb kurz die Situation meines Unternehmens. Ich erwähnte auch, wenn ich nicht in nächster Zeit eine richtige Taxikonzession bekomme, so dass ich auch am Bahnhof Fahrgäste einladen darf, müsste ich mein Unternehmen schließen. Ich hätte ganz einfach auch einen besseren Namen, wenn ich mein Unternehmen Taxi Schubert nennen dürfte. Des weiteren brauchte ich am

Wochenende selbst ein Taxi für eine Fahrt und bekam keines.

Daraufhin bekam ich ein Schreiben vom 2. Bürgermeister, und zwar eine Einladung zu einem Gespräch im Rathaus. Er erwähnte aber auch, dass es für ihn eher ein Problem sei, mir eine Taxikonzession zu erteilen, auch deswegen, weil die jetzigen Taxiunternehmer der Stadt ihre Stimme dagegen erheben würden. Im Rathaus war dann noch zusätzlich der Chef vom Gewerbeamt anwesend. Sie sagten mir beim Gespräch, dass sich noch nie jemand darüber beschwert hätte, dass kein Taxi zur Verfügung stand. Der Bürgermeister meinte, er könne mir jetzt nicht einfach eine Konzession erteilen, nur weil ich das möchte. Außerdem seien auch junge Taxiunternehmer in der Stadt schon vorhanden. Zum Schluss sagten sie noch zu mir: „Lieber ein Ende mit Schrecken, als ein Schrecken ohne Ende." Ich sollte praktisch lieber mein Geschäft beenden. Dass aber in Memmingen wirklich eine Taxiknappheit besteht, was mir auch schon meine eigenen Fahrgäste während den Fahrten mitteilten, interessierte die beiden nicht. Nachfolgend die Schreiben vom 2. Bürgermeister, vom Oberbürgermeister und vom Wirtschaftsminister Erwin Huber, sowie vom Allgäu Airport.

Sehr geehrter Herr Schubert,
besten Dank für Ihre Schreiben per Mail und per Post, in denen Sie auf das allgemeine und persönliche Problem der Taxi-Konzession hinweisen.

In Memmingen sind sämtliche Konzessionen (für 18 Fahrzeuge) vergeben - Ihre Bewerbung steht auf Platz 1 der Ersatzliste.

Ich kann Ihnen somit zu meinem Bedauern keine andere Aussage zukommen lassen als:

> Sie müssen warten, bis eine oder mehrere Konzessionen zurückgegeben werden.
> Ich lasse bei uns im Haus überprüfen, ob sich die Verhältnisse so geändert haben, dass Bedarf für eine (oder mehr) weitere Konzession besteht.
(Für Stand-Konzessionen am Allgäu-Airport ist allerdings ausschließlich das Landratsamt Unterallgäu in Mindelheim zuständig!)
> Ich bin gerne auch bereit, auf der politischen Schiene diese Überprüfung beantragen zu lassen.

(Die örtlichen Taxiunternehmen werden natürlich gegen weitere Konzessionen ihre Stimme erheben - andererseits argumentieren Sie, sehr geehrter Herr Schubert, ja damit, dass Sie beispielsweise abends Schwierigkeiten hatten, ein Taxi zu bekommen.)

Mit freundlichem Gruß
2. Bürgermeister

Vollzug des Personenbeförderungsgesetztes
Ausnahmegenehmigung für die Abholung von
Fluggästen vom Allgäu Airport

Sehr geehrter Herr Schubert,

Ihr Schreiben vom 06.11.2007 habe ich erhalten und
nehme auf Ihre Ausführungen wie folgt Stellung.

Die Genehmigungsbehörde für die Erteilung einer
Taxikonzession für den Allgäu Airport ist das
Landratsamt Unterallgäu. Eine Taxikonzession für den
Betriebssitz Memmingerberg kann also nur über das
Landratsamt Unterallgäu und nicht die Stadt Memmingen
erteilen.

Fahrgäste vom Allgäu Airport können aber jederzeit
Ihren Fahrservice (Mietwagen) telefonisch anfordern. Es
besteht für Sie auch die Möglichkeit jederzeit Fahrgäste
zum Allgäu Airport zu bringen.

Das Bereithalten mit Ihrem Mietwagen in der Taxispur
am Allgäu Airport ist jedoch nicht gestattet.

Ich hoffe, dass ich Ihnen mit meiner Antwort
weiterhelfen konnte.

Mit freundlichen Grüßen
Oberbürgermeister

An Erwin Huber - Bayerischer Wirtschaftsminister

Sehr geehrter Herr Huber,

am 13.12.05 absolvierte ich erfolgreich bei der IHK-Schwaben meine Prüfung zum Taxiunternehmer. Ich ließ mich damals auch sofort auf die Warteliste der zu erteilenden Taxikonzessionen in meiner Stadt eintragen, an 1. Stelle, da sonst außer mir niemand eine Konzession beantragte.

Mit meinem Mietwagenunternehmen Fahrservice Schubert (Eine Übergangslösung bis zur Erteilung der Taxikonzession) bin ich nun finanziell am Ende wegen Auftragsrückgang und erzwungener Niedrigfahrpreise, die gerade von der AOK Bayern aufgebracht wurden.

Mein Schreiben ans Bundeskanzleramt, mit der Bitte um Unterstützung o. ä. schlugen fehl, mir wurde lediglich eine "Hotline" angeboten.
Meine Heimatstadt möchte mir keine Taxikonzession erteilen, so dass mir nichts anderes übrig bleibt, als bei der Agentur für Arbeit Sozialhilfe zu beantragen.

Mit Interesse sehe ich einer Antwort Ihrerseits entgegen.

Mit freundlichen Grüßen
Bernd Schubert

Anlage
BK vom 18.03.07

Von einem Mitarbeiter des Bayerischen Staatsministeriums bekam ich dann eine nicht weiterbringende 3-seitige Antwort. Das Klinikum Memmingen wurde überprüft, es wurden mir ausreichend Aufträge erteilt, hieß es. Das stimmte nicht. Des weiteren sollte ich mir in bestimmten genannten Fachzeitschriften Wissen aneignen.

An Herrn Schmid - Geschäftsführer Allgäu-Airport

Sehr geehrter Herr Schmid,

am 01.08.07 starte ich mit meinem Unternehmen Fahrservice Schubert erneut. Mein Fahrunternehmen hatte einen starken Auftragseinbruch, deswegen musste ich das Unternehmen schließen.

Herr Rolf Spitz, unser Memminger Stadtrat, empfahl mir, mich direkt an Sie zu wenden und nicht etwa an eine Sekretärin, die meine Anfragen nicht beantwortet.

Es würde mich also sehr freuen, wenn Sie mein junges Unternehmen mit Fahraufträgen unterstützen könnten. Ihr Flughafen ist mir ja schon durchs Hotel Falken bekannt, von dem ich einige Flughafenfahrten bekommen habe.
Mein Unternehmen ist auch im Internet vertreten, unter www.fahrservice-schubert.de

Mit freundlichen Grüßen
Bernd Schubert

Ihre Anfrage bezüglich Fahraufträgen

Sehr geehrter Herr Schubert,

wir möchten uns hiermit recht herzlich für Ihr Schreiben vom 28. Juli 2007 und Ihrem Interesse an einer Mitwirkung am Flughafen bedanken.

Wir werden eine Einsatzmöglichkeit in unserem Hause prüfen und bitten um etwas Geduld, da dies eine gewisse Zeit in Anspruch nehmen wird.

Wir werden uns sobald wie möglich wieder mit Ihnen in Verbindung setzen und verbleiben

mit freundlichen Grüßen
Allgäu Airport

Angebot Fahrdienst

Sehr geehrter Herr Schubert,

wir haben die Einsatzmöglichkeit Ihres Fahrdienstes geprüft.

Da wir bereits einen Fahrdienst - Transferbus - als Premiumpartner haben, ist eine Zusammenarbeit mit einem weiteren Fahrdienst leider nicht möglich.
Dementsprechend ist es uns nicht möglich, mit Ihnen einen Vertrag über Fahraufträge zu schließen.

Mit freundlichen Grüßen vom Allgäu Airport

Kapitel 6
Nachtfahrten bis in die Morgenstunden

Am Wochenende konnte ich richtig abschalten von den Sorgen, die mir das Unternehmen bereitete. Die Leute waren Freitag und Samstag Nacht wieder in der Stadt unterwegs und brauchen ein Taxi, damit sie auch was trinken konnten. Es folgte eine Fahrt auf die andere. Von einem Dorf ins nächste – von einer nächstgelegenen Stadt in die andere. Man kann fast sagen, das Geld floss in Strömen. In einer Nacht musste ich eine dumme Erfahrung mit einem Fußgänger machen. Er tappte absichtlich, wahrscheinlich betrunken, an einer engen Straße auf der Mitte der Straße hin und her und ließ mich nicht vorbeifahren. Das ging etwa 10 Minuten so, bis einer meiner Fahrgäste sagte, halt an, den mach ich platt. Ich hatte nebenbei mitbekommen, dass der Fahrgast sogar Boxer war. Er schlug den Störenfried mit einem Fausthieb schnell auf die Straßenseite, so dass ich vorbeifahren konnte. Die anderen Fahrgäste machten sich dann noch Sorgen, ob er vielleicht zu stark zugeschlagen hatte. Egal sagte der Boxer, der hat es verdient.

Nachdem ich dann noch ein paar Stadtfahrten erledigt hatte, sollte ich einen Puffgänger zur nächstgelegenen Stadt ins Puff bringen. Memmingen hat kein eigenes Bordell, da für so etwas mindestens 50.000 Einwohner vorhanden sein müssen, Memmingen hat nur etwa 40.000 Einwohner. In dem Bordell wurden mein Fahrgast und ich dann wunderbar empfangen. Der Fahrgast verschwand mit einer Nutte und ich bekam ein Freigetränk an der Bar. Nach der weiten Fahrt konnte ich ruhig mal eine Pause einlegen. Manchmal bekommt man sogar 10,- € vom Chef, wenn man einen Kunden in sein Puff bringt. Bei der Rückfahrt musste ich noch an einer Tankstelle halten und der Fahrgast gab mir noch eine Brotzeit aus. Bei ihm zuhause schenkte er mir zusätzlich noch 5,- € fürs Fahren. Die Fahrt hatte sich gelohnt.

In der Früh um 6.00 Uhr ist aber dann meistens noch nicht Schluss. Es rufen dann noch die ganzen Diskothekenbesucher an, die jetzt um 6.00 Uhr oder 7.00 Uhr nach Hause wollen.

Kapitel 7
Ende des Fahrservice Schubert

Trotz der Tatsache, dass das Geschäft an den Wochenenden gut lief, musste ich der Wahrheit ins Auge sehen. Ich hatte bis zum Jahresende keine Versteigerungsfahrten, die ich von den Krankenkassen immer bekam und keine regelmäßigen Fahrten zu weiter weg gelegenen Orten. Mein drittes Fahrzeug wurde so gut wie gar nicht mehr benutzt. Das zweite Auto brauchte ich nur noch am Wochenende. Werbebriefe an große Firmen brachten auch nicht mehr die Aufträge, die ich gebraucht hätte um weiterzumachen. Es tat mir sehr weh, mich dazu zu entschließen, meinen Fahrservice Schubert zu beenden. Vor der Abmeldung meines Geschäfts hatte ich noch eine Rekordfahrt von Memmingen nach Hockenheim, ich musste für eine Memminger Firma ein kleines Paket liefern, einfache Fahrt 6 Stunden. Das bereitete mir noch etwas Spaß, aber mit meiner Firma ging es dem Ende zu. Laufende Rechnungen, wie

Versicherungsbeiträge für die Fahrzeuge, die Steuer für meine Wagen, der Krankenversicherungsbeitrag für mich, wurden auch in schlechten Zeiten jeden Monat abgebucht und ich musste ja auch von irgendetwas leben. Ich ging also zum Gewerbeamt und meldete meinen Fahrservice ab und meldete mich zusätzlich beim Arbeitsamt arbeitslos.

Ich wollte zum Schluss einfach nicht begreifen, dass in einer Kleinstadt mit 40.000 Einwohnern nicht genug Auftraggeber vorhanden waren, damit ich mein Geschäft hätte weiterführen können.

Herstellung und Verlag:
BoD- Books on Demand, Norderstedt
ISBN: 978-3-7494-0756-9